单元视域下小学科学概念教学策略

DANYUAN SHIYUXIA XIAOXUE KEXUE
GAINIAN JIAOXUE CELUE

邹萍萍◎著

中国广播影视出版社

图书在版编目（CIP）数据

单元视域下小学科学概念教学策略 / 邹萍萍著. --
北京：中国广播影视出版社，2023.9
ISBN 978-7-5043-9099-8

Ⅰ.①单… Ⅱ.①邹… Ⅲ.①科学知识—教学研究—
小学 Ⅳ.①G623.62

中国国家版本馆CIP数据核字（2023）第152101号

单元视域下小学科学概念教学策略

邹萍萍　著

责任编辑：黄月蛟
装帧设计：中尚图
责任校对：张　哲

出版发行：中国广播影视出版社
电　　话：010-86093580　010-86093583
社　　址：北京市西城区真武庙二条9号
邮　　编：100045
网　　址：www.crtp.com.cn
微　　博：http：//weibo.com/crtp
电子信箱：crtp8@sina.com

经　　销：全国各地新华书店
印　　刷：天津中印联印务有限公司

开　　本：710毫米×1000毫米　1/16
字　　数：168（千）字
印　　张：11.5
版　　次：2023年9月第1版　2023年9月第1次印刷

书　　号：ISBN 978-7-5043-9099-8
定　　价：59.00元

　　近十年，我区在区域整体推动"基于课程标准的'教—学—评一致性'"项目研究，以此为抓手撬动区域课程教学改革，推动区域教育教学高质量发展。而我，就是在这项改革如火如荼开展的大潮中，于2018年走进了区教研中心，成为一名小学科学教研员。虽然此前全区已经在进行着基于课程标准教学的"专项"实践探索，比如教学目标研制、评价设计研究、学历案探索等，但是主要参与的还是语文、数学等大学科。对于小学科学学科，虽然我区特别重视教师队伍建设，要求各学校配备专职科学教师，但是由于学科的特殊性，导致没有真正意义上的专职科学教师；再加上每所学校专职科学教师也就一两人，形不成研究的氛围与力量……因此，这样一个在当时比较"薄弱"的学科，只在基于课程标准教学的"外围"徘徊。

　　其实，《小学科学课程标准》（2017年）（以下简称《课程标准（2017）》）颁布，以18个核心概念架构起科学课程的主要内容框架，即要求小学科学教师要围绕核心概念组织教学。为了带领全区科学教师基于课程标准围绕核心概念组织教学，进而培养学生的科学核心素养，2019年初我们邀请到了北京教育科学研究院、北京市特级教师彭香教授，为全区小学科学教师做了《浅谈小学科学课程的概念、教学及其评价》讲座，彭香教授的讲座让我清晰地捕捉到当下国内国际小学科学学科的研究方向，那就是基于课程标准的概念教学，而这个概念教学的核心一定是指向学生的思维发展。于是正式提出，我区小学科学学科以"指向思维发展的概念教学"作为研究主抓手，以此撬动学科课堂教学改革，确保课程标准落地。

面对我区小学科学教师队伍现状，如何引领这样一支队伍走上概念教学的研究之路？2019年初，在亮出区域学科研究主抓手后，面向全区小学科学教师，采用双向选择的方式组建了经区小学科学学科研究工作室，旨在集全区科学骨干教师的力量率先蹚路，提炼路径，总结经验，引领辐射，进而带动全区科学教师开展基于课程标准的概念教学。几年来，我们置于单元的视域，经历了"充分挖掘概念教学存在的突出问题—基于问题不断地寻找解决的策略—应用解决策略再发现问题—再探寻新的解决策略"这样一个闭环式的研究过程，不断地将概念教学研究推向深入。当然，在这个研究的过程中，我们会定期邀请省内外知名学科专家入区进行指导，比如2021年秋我们邀请到了山东省小学科学学科教研员、国家二级研究员卢巍主任入区对我们研究的阶段性成果进行把脉、诊断与指导，确保我们的研究始终规范、科学以及专业。

2022年4月，《义务教育科学课程标准》（2022年）（以下简称《课程标准（2022）》）正式颁布，在《课程标准（2017）》的基础上突出了核心素养导向下的教学，明确提出了科学学科四大核心素养，并指出科学思维是核心；凝练出了13个学科核心概念，形成科学课程的主要内容；首次增加4个跨学科概念，横向连接13个学科核心概念，使科学课程内容成为系统、综合的整体……面对新的《课程标准（2022）》，我们在已有基于课程标准的概念教学的研究基础上，继续边研究、边探索、边梳理、边反思。随着研究的深入，我们越来越感觉到要想让课程标准中的核心概念落地，只依靠单元视域下零散的、点上的研究远远不够，而是需要构建单元视域下概念教学范式，并提供具体的策略方法，让学科教师在范式的前提下理解概念教学、践行概念教学，于是就有了本书的内容。

本书共分为七章。第一章"小学科学概念教学的区域研究综述"，介绍了区域推进概念教学的研究背景，概念教学的理论基础，展示了区域概念教学的实践历程以及有效开展校本教研活动的区域经验。第二章"小学科学单元大概念解读策略"，具体介绍了单元大概念解读的策略、单元教材分析策略，并对单元视域下的课时概念进行解析，让教师能够站在单元的视角理解概念。第三章"单元视域下小学科学概念引入策略"，介绍了如何创设单元以及单元视域下课时教学的真实生活情境，以激起学生在"特定情境"中解决问题的欲望。第四章"单元视域下小学科学概念建构策略"，通过提供单元视域下挑战性任务设计、结构性问题设计、进阶性思维能力提升、学习工具开发、评价量规开发与使用以及课程资源开发等策略，为教师提供概念建构的具体路径方法，便于教师借鉴使用。第五章"单元视域下小学科学概念迁移应用策略"，从概念巩固内化以及迁移应用两方面，为教师提供具体的策略方法，以加深学生对概念的理解与建构。第六章"单元视域下小学科学概念教学改进策略"，从开发观课量表、基于观课量表改进教学两方面对如何收集证据、基于证据做出教学改进进行了具体策略阐述。第七章"小学科学单元教学方案设计策略"，不但为教师呈现了单元教学方案设计的具体路径，还呈现了指向物质科学领域、指向技术与工程领域两个单元教学方案样例，便于一线教师进一步领悟单元教学方案含有的要素、各要素的特点以及意义等。

　　本书力图解决教师日常教学中存在的这样一些困惑：知道要以单元大概念统领单元教学，但是不知道怎么确立单元大概念；知道要通过教材纵向、横向分析寻找单元之间的关联，但是不知道具体要分析哪些方面，分析到什么程度；知道要创设真实的生活情境引入概念，但不知道创设什么样的生活情境更合适；知道要引领学生建构科学概念，但是不知道从哪些方面入手、运用哪些策略建构；知道概念建构后要引领学生迁移应用概念，但不知道从哪些角度迁移；知道教学改进是教学必不可少的一部分，但是不知道基于什么改进、如何有效改进；知道单元视域下的教学首先要撰写单元教学方案，但不知道一份科学的单元教学方案应该做成什么样、如何研制等。以上都是当下小学科学教师开展单元视域下的概念教学急需的具体策略方法，可操作、可借鉴，可应用性强。

　　本书的写作与出版得到了多方力量的支持与成就，在此感谢山东省小学科学齐鲁大讲堂的一路引领，感谢威海市小学科学学科课程教学改革的浓厚氛围，感谢我区基于课程标准教学的浸润式课改环境，感谢小学科学工作室核心成员的勇于拓荒、艰辛摸索，感谢在单元视域下概念教学实践研究之路上辛勤耕耘的所有科学教师。当然，单元视域下小学科学概念教学是项专业性、科学性极强的学术研究活动，限于研究水平与撰写时间所限，书中难免会存在错误和不当之处，敬请读者批评指正。

研究是无止境的，研究永远在路上，威海经济技术开发区小学科学单元视域下概念教学研究，将以此为新的契机、新的起点，"向青草更青处漫溯"。

第一章　小学科学概念教学的区域研究综述..............001

　　第一节　小学科学概念教学的研究背景 002

　　第二节　小学科学概念教学的研究现状 005

　　第三节　小学科学概念教学的区域研究历程 007

　　第四节　有效开展校本教研活动的区域经验 015

第二章　小学科学单元大概念解读策略..............037

　　第一节　单元大概念提取策略 037

　　第二节　单元视域下教材分析策略 042

　　第三节　单元视域下课时教学概念解构 057

第三章　单元视域下小学科学概念引入策略..............062

　　第一节　单元真实情境创设策略 062

　　第二节　单元视域下概念引入策略 075

第四章　单元视域下小学科学概念建构策略..............083

　　第一节　单元视域下挑战性任务设计策略 083

　　第二节　单元视域下结构性问题设计策略 089

第三节　进阶性思维能力提升策略 ………………………………………… 093

第四节　促进概念建构的学习工具设计策略 …………………………… 104

第五节　促进概念建构的评价量规的开发与使用策略 ………… 116

第六节　促进概念建构的课程资源开发策略 ………………………… 121

第五章　单元视域下小学科学概念迁移应用策略 ………………… 130

第一节　单元概念巩固内化策略 ………………………………………… 130

第二节　单元视域下概念迁移应用策略 …………………………… 134

第六章　单元视域下小学科学概念教学改进策略 ……………… 136

第一节　观课量表开发策略 …………………………………………… 136

第二节　基于观课量表改进课堂教学策略 ……………………… 144

第七章　小学科学单元教学方案设计策略 …………………… 150

第一节　单元教学方案设计策略 ………………………………………… 150

第二节　单元教学方案样例 …………………………………………… 157

参考文献 ………………………………………………………………… 168

第一章　小学科学概念教学的区域研究综述

随着基础教育课程改革的不断深化，小学科学概念教学研究已逐渐走入科学教学的核心地位。早在20多年前，中国工程院院士、原中国教育部副部长韦钰就提出"要围绕科学概念来组织科学教育"，她指出：围绕科学概念组织科学教育对提高儿童的学习效率，促进儿童发展是十分重要的，因为这种教学方法不仅可以让学生有效地组织和记忆知识，而且有助于他们鉴别、类比和推理，有些经验他们可能并没有遇到，但是可以运用已经建立的概念去理解、去扩展，学会运用核心知识和模型来触类旁通。可以说，概念是儿童建构复杂能力的基石。

《课程标准（2017）》在课程设计思路中明确指出，四大领域18个主要概念构成了本课程的主要内容；《课程标准（2022）》提出了五大课程理念，其中排在第二位的就是"聚焦核心概念，精选课程内容"，要求遵循"少而精"原则，聚焦学科核心概念，精选与每个核心概念相关的学习内容，设计相应的系列学习活动……这传递出的是国家的意志，作为区域教研部门我们积极回应、迅速行动，带领全区小学科学教师全力推进围绕概念组织教学的课程教学改革。

2019年，立足区域学科教育教学现状，着眼于学科教育改革的前瞻方向，全区正式提出"指向思维发展的概念教学"学科研究总方向，以此为抓手，启动了小学科学概念教学研究，希望从中探寻从教走向学的思路与方法。短短几年，指向思维发展的概念教学研究为教师搭建了国家意志在小学科学课堂落地的桥梁，促进了学生核心素养的有效发展。

第一节　小学科学概念教学的研究背景

我国从2001年开始将原来的小学自然课改为科学课，起始年级从一年级变为三年级，更名的背后是课程目标、课程理念在不断发生变化；2017年全国恢复了从一年级开始开设科学课，科学学科更加被重视，其地位由"基础性学科"提升到"体现科学本质的综合性基础课程"。2004年秋，威海市正式启用《科学》教材，面对新的挑战，我区紧跟课改的步伐，先后开展了《构建"科学探究活动"教学模式的探索与研究》《小学科学有效课堂提问的探索与研究》等省级课题研究，在课堂教学有效性等方面取得了初步成效。

然而，随着《课程标准（2017）》《课程标准（2022）》颁布，以核心概念架构课程内容、围绕核心概念进行教学逐渐走进科学教师的视野，越来越被科学教师关注。我区马上捕捉到这一改革热点，于2019年提出了区域小学科学研究的总方向，即指向思维发展的概念教学，全区教师积极投身于概念教学的实践探索中，经过一段时间的研究发现，教师们虽有围绕核心概念进行教学的强烈意识，"概念教学"一词也是始终不离嘴边，但在教学设计与实施上仍难以摆脱传统教学的束缚，为"概念教学"而概念教学等诸多问题纷纷暴露出来，具体表现在以下几个方面：

一、为设计而设计

（一）为"梳理概念"而梳理概念

近几年，因为全区在整体推动基于课程标准的教学，全区下发的课时教学方案模板中第一项内容就是课程标准解读，因此教师们已经养成了每节课前自觉研读课程标准的良好习惯，小学科学教师能够梳理出课时内容对应的概念层级。比如使用《课程标准（2017）》时每节课梳理出的"主要概念—分解概念—

具体概念"层级；使用《课程标准（2022）》时每节课梳理出的"核心概念—学习内容—学业要求—教学建议—学业质量标准"。但是经过一段时间发现了一个共性的问题，一部分教师只为梳理而梳理，将梳理后的内容"束之高阁"，放在课时教学方案的固定位置，当结合教材、学情分析确定学习目标时，梳理的内容并未参与其中，也就是说，只为梳理概念而梳理概念，没有实质价值。

（二）为"分解概念"而分解概念

基于课程标准的教学，首要任务是必须要会分解课程标准，为此，我们集全区的力量提炼出分解课程标准的技术路径，采用比较适合小学科学学科特点的扩展剖析法进行分解，即首先找到课程标准中相应核心概念"最下位"的"内容要求"，通过"拆解目标要素—分层行为动词—扩展核心概念—确定行为条件和表现程度"的具体路径对"内容要求"进行分解，即将课时所对应的核心概念具体化、可视化，便于教师结合教材、学情等分析研制学习目标。就在教师们日趋熟练地掌握这项课程标准分解技术的时候，我们发现部分教师进入了"为分解概念而分解概念"的程序化状态：课时教学前基于课程标准梳理概念层级，基于概念层级"最下位"的内容进行分解，分解结束就代表着"分解结束"，对其中的真正内涵教师不理解，也不知道除了运用技术进行分解外，更重要的是要从概念的内涵与外延等本质入手来分解，也就是说分解时只有"术"，没有"道"。

二、为实施而实施

（一）只见知识，未见概念

虽然每一课时要建构的概念通过前期的分解，有行为条件也有行为表现，但是部分教师在课堂教学中关注更多的往往是后者，即学生的行为表现，认为只要学生能"说出""描述出"相应的内容就是概念教学；部分教师虽然也关注行为条件，比如"通过设计对比实验方案并小组合作探究，能……"但实际中在让学生设计了对比实验方案并小组合作探究后，关注的点仍是最后的事实性知识。以上两种教师误把概念等同于事实性知识，认为学生只要知道了事实性知识就是概念教学，无形中走回了老路，殊不知事实性知识是概念之间的联结，是概念的一个方面，但它不等同于概念，而概念是需要教师通过一定的教学策略，在具体情境中引领着学生逐步建构而成的。

（二）只见概念，未见思维

概念建构与思维培养是概念教学的一体两翼，其中概念建构是明线，即围绕概念建构展开师生活动的过程；思维培养是暗线，即在学生活动过程中要有与建构概念相匹配的科学方法与思维方法。部分教师在课堂中知道引领学生通过探究活动逐步建构概念，但是眼中只有概念，忽视了学生科学思维方法的参与，往往整节课下来，这节课重点培养的思维能力是什么，教师答不上来。这样的课堂表面打着概念建构的幌子，实质上与传统课堂有什么区别呢？

（三）只见课时，未见单元

通过分解课程标准可知，同一个核心概念最下位的"学习内容"有的是并列关系，有的是递进关系，如果课堂教学中仅仅盯着课时概念进行建构，往往会以小论大、坐井观天，会将核心概念的构建狭窄化，以致"只见树木不见森林"；通过具体的课堂教学可知，以课时概念进行建构，学生只建构了点状的概念，未能经历一个完整的研究历程，无法形成结构化的认知，更难以具备在真实情境中解决复杂问题的能力，核心素养培养无从谈起。

对以上问题进行剖析，其根本原因在于教师缺乏对如何引领学生进行概念教学的系统性认知，缺乏基于单元的视角进行概念教学的意识，更缺少将课程标准上位的理念具体落到教学行为、学生的学习行为与结果上的支架，这个支架就是有效的教学策略。因此，构建出单元视域下小学科学概念教学范式，并对其中的每一个要素提供操作性强、应用性强的教学策略就显得特别迫切又至关重要。

第二节 小学科学概念教学的研究现状

一、国外的研究

（一）关于概念教学的研究

20世纪初，概念教学最早在国外进行研究并逐步发展，认知心理学家不断丰富对概念的认识，并依据概念的关键特质对概念教学进行了系统且深入的研究。布鲁纳最先提出概念学习理论，在此基础上，加涅对概念进行了分类，维果斯基进一步提出概念转变理论。

美国康奈尔大学的Novak和Gowin于20世纪60年代开发了奥苏贝尔的概念图理论，帮助学习者进行有意义学习，建立概念之间的联系，成为一种良好的评价学习效果的工具，被广泛应用于教学实践中。20世纪80年代美国的5E教学模式，让学生在投入、探索、解释、阐释和评估中实现学习内容的深化。进入 21 世纪，概念教学的研究趋向通过学科核心概念或原理整合科学概念学习，2011年7月，美国颁布了《K-12年级科学教育框架:实践、跨领域概念和核心概念》，其主要的特色之一就是强调K-12的科学和工程教育应把重点放在跨学科的一些重要概念和各学科有限数量的核心概念。2009年英国的科学教育学会主席温·哈伦发表《科学教育的原则和大概念》，提出了14 个科学大概念，并指出在科学教育中，应将它们作为主要的学习内容，并于2016年更为详细地论述了以概念进行教学的理由，以及对教师教学、课程内容、学生评价等带来的影响。

（二）关于思维发展的研究

国外早在古希腊、罗马时期就有许多哲人对思维培养进行研究，当时的人们认为教育主要是培养人的思维。后期杜威提出的思维五步法和教学五步法，为思维教学的操作模式提供了参考，此外还提出了"从做中学"，在"做"中进行思维活动；布鲁纳的"发现学校"，以培养探究性思维为学习目标，教学中教师向学生提出问题，学生通过搜集相关资料，积极思考，发现相关的概念和原理，进而独立解决问题，这一获取知识的过程其实就是提升思维的过程；威廉姆斯利用三维模型从多个方向来训练学生思维，重视创造性思维的训练，由此提出创造性思维培育理论；斯滕伯格提出的智力三元理论为思维的培养提出具体的策略和技巧。在此基础上国外很多教育研究者对思维教学的理论和实践做了更广泛和深入的研究。

由此看来，国外对概念教学和思维发展的研究，主要集中在理论建构及行动策略的研究阶段。

二、国内的研究

（一）关于概念教学的研究

我国关于概念教学的研究开始于20世纪80年代，主要以学习美国等国家的教育教学理论和实践研究为主。20世纪90年代中后期，郑海燕、应桃开从概念的上位关系、下位关系、组合关系三方面对初中化学概念的教学进行了初步探讨；徐宜秋运用图式理论指导初中化学的概念教学，新的概念教学方法开始成型。2007年郭建鹏等人在研究正反例在概念教学中的应用时，阐释了著名的坦尼森概念教学模式。2011年新版课程标准清晰地展示了理科课程"强调主动探究学习"和"凸显重要概念传递"的教学要求，高度关注探究学习与学生对概念建构的对接。2017年丁征在关于概念学习的研究中，肯定了前概念、创设情境活动的重要性。

近年来，研究者们逐渐转向对大概念、重要概念和核心概念等的教学研究。比如，谢虎成等提出课堂教学必须围绕重要概念进行，并从课堂准备、课堂开展和教学设计等方面提出了相应的策略。李松林详细论述了大概念的本质，提出了找到大概念的策略，明确要进行以大概念为核心的整合性教学，并提出了原因，提供了相应策略。

（二）关于思维发展的研究

国内最早对科学思维的研究可以追溯到春秋战国时期的孔子，其提出了学与思相结合的学习方式；而墨家教育思想中对思维能力的训练，是我国古代对科学思维研究最为全面的，但由于墨家没落等种种原因，我国对科学思维的研究处于一种滞后的状态。随着核心素养的提出，科学思维作为其重要的组成部分，林崇德教授认为思维是智力的核心特点，智力是在解决某种问题过程中所表现出来的良好适应性的个性心理特征。另外，2008年北师大林崇德和胡卫平两位教授提出了"思维型"课堂教学理论，是目前中国现有的教学理论中唯一一个被国际思维教学手册收录的理论，该理论认为思维是课堂教学过程中教师和学生的核心活动，教师在教学中应采取有效措施来提高学生思维活动的深度、广度和难度，以提高课堂教学质量。

综合国内外的研究不难发现，国内外对概念教学的研究大多集中在数学、物理、化学和生物等学科的研究之中，缺乏对小学科学概念教学的研究；对科学思维的理论研究很多，但对思维发展与科学概念教学相结合的研究很少，缺乏具体的教学策略。因此，立足区域学科教学实际，开展小学科学概念教学研究，以促进学生的思维发展，势在必行。

第三节 小学科学概念教学的区域研究历程

自2018年秋我担任小学科学教研员以来，以指向思维发展的概念教学为区域学科教学研究的主抓手，带领全区科学教师一路蹒跚、一路摸索、一路拓荒、一路收获。5年的概念教学研究历程，说长也长，因为在研究内容上我们经历了概念研究、思维研究再到概念思维齐研究的摸索过程；在教学单位上我们经历了课时教学研究、单元教学研究再到单元序列化教学研究的历程；在研究方式上我们经历了初步探索、实践检验、修正改进再到深入探索等往复循环的研究过程；在研究成效上我们经历了从最初的混沌迷茫到研究中的朦朦胧胧、若隐若现再到拨云见日、逐步深入的研究进程，感觉时间特别漫长。5年的概念教学研究历程，说短也很短，眨眼间我们有了自己的理论，有了自己的实践，有了自己的策略，有了"不同"的眼界，有了"丰厚"的底蕴，有了更深层次的思考方式。

混沌迷茫期：全员参与，以理论学习厚实自我

2018年9月

镜头1：第一次听课时的两则对话。

（对话一）

我：说课时要先说如何通过课标、教材、学情得出教学目标。

师：我知道。

实际现象：教学设计中没有列出对课标、教材以及学情的分析，教师说设计思路时也没有说出对它们的分析。

（对话二）

我：这节课你最想呈现给大家的是什么？或者说你平时重点研究的点是什么？

师：我不知道，我们平时上课没想过这些。

镜头2：第一次问卷调查情况反馈。

问卷部分问题：阅读与使用科学课标的频率；你正在阅读的科学类书籍有哪些？请写出科学学科核心素养；如果让你确定一个课堂教学研究的点你最想研究的是什么……

调查结果反馈：科学课标阅读与使用的频率几乎为0，阅读的科学书籍并不是专业书籍，没听说过核心素养，最想研究的点想不出来……如此结果让我汗颜。

2018年9月，我担任了全区小学科学学科教研员，在第一次开展活动时，捕捉到了如上两个真实的镜头。当时全区小学科学教师处于严重的两极分化状态，为数不多的几位骨干教师已然成长了起来，要么已成为名师，要么已迈入了学校的管理岗位；剩下的几乎都是存在上面所反映出来的"0理论""0思考""0研究"的"全0"问题的青年教师。如何带领这样一支队伍摆脱"全0"状态？从当时我区研究的重点课题"教—学—评一致性"方面以及结合自己的成长经历思考，我主要采取了如下两项措施。

1. 组建学科工作室。面向全区所有科学教师，以双向选择的方式组建了小

学科学学科研究工作室，工作室由我牵头，由13名教师组成。为了提升工作室团队的凝聚力、战斗力，我们共同对工作室文化进行建设，如工作室的理念、口号、工作目标、愿景，等等，更重要的是明确每人的责任与义务，这些绝不是"空头支票"，而是最高境界的精神层面的"凝聚"，实现文化引领发展。

2. 相约每周五共同阅读。为解决工作室教师科学教学根基薄弱的问题，需要先把他们引领到学习，也就是读书的道路上，于是相约每周五的共读活动就诞生了，既将书读"厚"又把书读"薄"，我们共读的第一本书是《小学科学18个重要概念全景解读》（1～2年级）。

考虑到白天工作繁忙，所以定在晚上，每周共读一章，每章一位领读人进行详细读，其他成员交流读后感并相互探讨，以提升阅读的"厚度"。一个多月的时间里，共读开始的时间，由最初的晚上七八点开始，到五六点开始，到下午一点半开始，再到上午十点多就开始，全是自发行为，读书热情逐渐高涨。共读形式，由最初的语言交流到圈圈画画的文字展示式交流，再到后来的思维导图式交流；读后的体会交流由最初的一两句，而且只是就着理论谈理论，到结合着实践谈理论，到最后的深度表达；共读的书目由最初我统一规定转变为成员轮流自发推荐、共享。

这一阶段，教师们大量地阅读，先后共读了《小学科学课程标准》《小学科学课程标准解读》《小学科学有效课堂教学》等书目、"概念教学""学习进阶""课堂评价""主题式观察"等主题文章，无形中开阔了视野，积淀了有关概念教学丰厚的理论素养。蒿泊小学张英英老师说："从共读开始，最大的改变是书代替了手机，不再把看书当成任务，而是一种习惯，是一件很美好的事情。"长峰小学丛媛老师感慨："通过最近的交流，发现了很多自己的不足，书上写的一些现状，我都有。比如分析'假学生''教教材'等，要是不看书、不交流，我真就觉得这么教没什么问题，现在我正视了自己很多的不足……"

一个学期的阅读后，我们把研究的方向转移到了课堂，因为学理论的最终目的是要学会应用到课堂。于是，开始组织工作室成员对当时正在课改的二年级下新教材内容进行同课异构，无形中倒逼着教师更主动、更有效地学习。经过同课异构活动，研究初见成效，教师们说课、备课、上课、评课，都会紧紧围绕着我们的抓手——指向思维发展的概念教学，教师们能逐渐"有思考"地上课，有"思维"地上课，有"深度"地上课。这比之前漫无目的地只为上课而上课，只就课说课、就课评课的"狭窄化研究"可谓迈进了一大步。此时，距开始研究还不足一年。

若隐若现期——由领到扶，教学研究由课时走向单元

2019年6月

镜头3：单元整体教学成果研讨现场。

我：下面我们重点探讨梳理"指向思维发展的概念教学"单元教学研究的路径。

教师：路径是什么？

教师：听不懂，无从下手。

镜头4：单元整体教学成果展示交流结束。

教研中心于主任：小学科学的成果做得不错，思路很清晰，起点这么低但发展势头很猛……

小学部姜主任：今天表现真棒，你们弄得真好，这么短时间就做出那么多，那么深，佩服……

师训处丛主任：你们成果做得不错，很清晰……

2019年8月

镜头5：新一轮单元整体教学设计成果交流现场。

展示教师底气十足，越发自信，有理有据，思路清晰。

山东省教科院张斌博士：小学科学学科7月份闭关交流成果时还什么都不知道，而这次是一个华丽的转身，做的成果很完整，已经成体系了，而且很清晰，每一步怎么来的都很明白。像这样抓住一个点（比如说单元目标到课时目标的制定），一步一步清清楚楚地分析出来就很好……

2019年6月11日，当接到各学科都要进行单元整体教学成果展示的通知时，我焦虑了。虽然将近一年的时间里工作室成员已积累了有关概念教学大量的理论与课堂实践经验，但是由课时到单元，尤其是要梳理成果，对我们来说又是一次全新的考验。当要集中工作室的力量研讨梳理单元教学成果的路径时，不料一个对其他学科来说根本就不是问题的问题出现了，老师们不懂什么是路径，于是出现了镜头3的画面。我愕然，我改变了原有计划，先为大家明晰了何为路径，紧接着为大家培训了"指向思维发展的概念教学"这一抓手的提出背景、概念界定以及依据等，又带领大家共同回顾课例打磨时发现的问题，剖析问题背后的本质，之后给出了我初步的路径，路径中的每一部分确定了一个负责人具体进行内容整理。其中相对最简单的"分解课标梳理概念层级"，前前后后改了5次才通过，其他重点部分内容整理的难度可想而知。工作室中7名所谓的"骨干"成员，外加6名新毕业的"影子"成员，为了能让大家全员参与，我以一对十三，逐个逐项指导、把关，哪怕只是一小项也是如此。高强度的状态，以一对十三的成果终于"出炉"，就有了镜头4的画面。

活动结束，我进行了深刻的反思：按照工作室成员当时的状态，如果这个成果我自己来梳理，可能很快就梳理出来了，不会"时时说""天天说""遍遍点"，但是如果当时没有手把手地教、手把手地指、一点点地领，可能他们永远都不会明白究竟该如何去做，思维也永远得不到提升，就不会有镜头4的出现，更别说镜头5了。

这一阶段，因为一个都没落下，所以工作室成员对单元整体教学研究有了跨越式的思考与提升，并将工作室研究成果及时辐射到学校教研组，带领学科教师进行单元整体教学设计，至此，我们的课堂教学研究由课时正式转向单元。也正是一个都没落下，在全区"教—学—评一致性"课题研究说课比赛活动中，工作室成员全部荣获一等奖。2019年12月，在我区承办的山东省"教—学—评一致性"研讨现场会上，我们学科做了单元整体教学展示，同时对本单元下一个重点课时进行了课堂教学展示，获得与会教师的一致好评。

拨云见日期——深入探索，由概念建构走向思维发展

2020年3月

镜头6： 探究技能研讨现场。

师：我梳理出1～5年级课本中共出现过25种探究技能。

我：25种探究技能在不同年级、不同单元学习中肯定会存在不同的层级要求，要针对每一种探究梳理出其层级要求，便于教学中把握其进阶性的要求，培养学生进阶性的思维能力。

师：这是我对比较这一探究技能梳理出的进阶性层级要求，大家看看有没有需要修改的地方。

……

回顾前几年教师对概念教学所做的理论与实践探索，无论是开始的课时研究还是置于单元视角的单元研究，对概念教学学科教师可谓说得头头是道，但是透过教师的课堂总感觉缺少点什么，反复剖析终于发现了问题所在，那就是教师对科学思维方法还不够关注，理解还不够深入，导致教学研究中强化了概念建构，弱化了科学思维方法培养。针对这一亟待解决的问题，我们重点做了以下探索。

（一）由关注概念建构到关注思维发展

要想实现学生思维进阶性发展，需要一个具体的载体，工作室成员几次研讨发现，青岛版小学科学教材中"探究技能"出现的频率比较高，于是以此为契机进行研究：先对每一探究技能进行相对准确的"释义"，要求通俗易懂不生涩；再分别以教材为视角梳理出不同年级、不同单元、不同课时所要培养的探究技能，以探究技能为视角梳理出同一探究技能所在的不同年级、不同单元、不同课时；综合以上梳理，再结合学生的年龄特点以及认知水平确定探究技能的层级要求，最后梳理出每一探究技能培养的典型示例，于是就有了镜头6的画面。由此，教师在教学方案设计、课堂教学实施中能有意识地关注到探究技能和探究能力的培养，进而关注到学生思维能力的进阶性发展。

（二）由关注思维发展到概念建构与思维发展同步进行

随着研究不断深入，又有新的问题暴露出来：教师们的教学方案设计及课堂教学走向了过于关注思维进阶性发展的误区，为了及时纠偏，第一时间带领学科教师阅读相关书籍与文章，让教师明确概念建构与思维发展是概念教学的一体两翼，只有一明一暗，"显""隐"结合，才能够真正实现概念教学。由此开启了概念建构与思维发展一体两翼研究的新起点。

这一阶段，我们共同研读了《小学科学18个重要概念》（3～4年级、5～6年级）、《小学科学高阶思维活动的设计、实施与评价》等书籍以及杭州师范大学蒋永贵教授《从育人角度回答为何学？学什么？怎么学？何谓学会？》等教学成果，加深了教师对思维发展培养更深层次的理解。与此同时，开发出单元/课时教学方案模板以及相应的评价标准，为单元视域下的概念教学研究提供了具体工具。此外，13名工作室成员中的4名成员在山东省小学科学齐鲁大讲堂活动中进行说课以及公开课展示，其教学理念以及教学行为得到参会教师的高度认可；在威海市小学科学教学研讨会中，5名成员先后做了单元视域下概念教学的专题讲座、3名成员执教公开课，申报的"指向思维发展的概念教学的实践探索"课题被立项为威海市"十四五"教育科学规划重点课题。

持续深化期——由单元教学走向单元序列化教学研究

2023年3月

镜头7：小学科学学科教师研修课程活动中。

师：《密切联系的生物界》这一单元，我们针对学校本根池塘尽管投入了大量的人力、物力以及财力但是维持不下去的现实问题，以"打造心目中的本根池塘"为单元大任务，通过先解决本根池塘"环境"问题，再解决"生物"问题，以实现本单元大任务的达成，实现本单元学习的育人价值。

……

上一阶段，尽管单元教学设计与实施取得了显著的成效，但是研究的精力与程度只限于单元以及单元下某一个或几个课时，未能兼顾到单元下所有课时的研究，以致单元与课时之间、课时与课时之间缺少更系统的关联，单元教学方案难以有效落到每一课时教学中。为解决这一新问题，我们开启了单元序列化教学研究。所谓单元序列化教学研究，是指大到单元，小到单元下每一课时的教学，都是序列化地设计、序列化地实施，也就是涵盖了单元下所有的课时。着重采取了以下措施。

（一）开发样例

由工作室核心成员以一个单元为例，率先进行单元内容结构化研究，梳理出单元内容结构化建构的具体路径，为一线教师提供具体的策略方法，因为这是最能体现单元序列化教学研究的关键，然后基于梳理提炼出的具体路径做出单元内容结构化的样例，进而开发出这一单元的单元教学序列化方案，并组织工作室成员进行单元序列化教学方案的课堂实施。

（二）辐射引领

针对单元序列化教学设计与实施研究中的关键性问题，开发出以关键性问题、课程目标、课程内容、课程实施、课程评价以及课程资源六大核心要素为主的学科研修课程方案，研修课程面向全体科学教师，每学年三次，分别为两个学期中与一个暑假中。通过研修课程活动，将工作室研究的阶段性成果及时向全体科学教师辐射引领，若发现哪个学校教研组研究的阶段性成果质量较高便一并进行辐射，以期全体科学教师跟得上理念的更新，跟得上研究的步伐，跟得上具体的操作，镜头7就是学科研修课程活动中学校教研组所做的单元序列化教学研究的一个阶段性成果。

这一阶段，我们处于边研究、边检验、边改进、边辐射、再研究、再检验、再改进、再辐射的闭环式研究圈。整个研究过程中，提炼出单元视域下小学科学概念教学研究范式以及范式中每一要素的具体策略方法，开发出课程标准规定的1~5年级所有必做探究实践活动的评价量规，开发出涵盖不同领域的单元教学序列化方案，打造出单元教学序列化研究课堂，真正实现了单元视域下的概念教学，"以学为中心"的课堂教学新样态逐渐得以凸显。

第四节　有效开展校本教研活动的区域经验

2019年《中共中央国务院关于深化教育教学改革全面提高义务教育质量的意见》对"发挥教研支撑作用"提出了具体要求。同年,《教育部关于加强和改进新时代基础教育教研工作的意见》出台,明确指出要强化校本教研,要求校本教研要立足学校实际,以实施新课程新教材、探索新方法新技术、提高教师专业能力为重点,着力增强教学设计的整体性、系统化,不断提高基于课程标准的教学水平。《课程标准(2022)》对校本教研提出了三个方面建议:建立有效的校本教研机制;聚焦实际问题开展研究;基于研究结果改进教学。

如何开展好小学科学课程的校本教研活动,仁者见仁、智者见智,但我认为首要的一点是明其"意",即读懂其真正的内涵,才能不偏离"轨道",沿着正确的方向前行。

一、小学科学课程校本教研的涵义

(一)小学科学课程

1. 课程。虽然对课程的定义很多,但是相对主流、我个人特别认可的是教育部基础教育课程改革专家委员会委员成尚荣曾对课程进行的诠释。成教授认为课程是跑道,是"跑"与"道"的结合,"道"不仅指课程内容,而且喻指课程应当有目标、有内容、有实施、有评价,这是课程的规定性,所有的课程都应当沿着这个"道"前行;"跑"喻指课程是一个动态生成的过程,其中有策略、有方式,也就是说课程是以"道"为载体的"跑"的过程,是以"跑"为引领的"道"的建设过程。

2. 小学科学课程。虽然《课程标准(2017)》中明确指出科学课程是一门体现科学本质的综合性基础课程,具有实践性……但是我想说,既然是一门课程,那就一定是要以"道"为载体,基于其中的"道"实施教学。这个"道",从一定意义上理解，即国家课程标准，它是一种教育治理的规范，内在规定了学生预期的学习结果以及要达成的学业质量标准。只有基于课程标准进行教学，才能充分落实国家意志。

（二）校本教研

1. 校本。什么是校本？目前在教育理论界并没有一个明确的界定，不同的学者有不同的看法，其中被很多学者认同的是华东师范大学教育学博士郑金洲的见解，郑教授认为校本包含三个方面的含义：一是为了学校，二是在学校中，三是基于学校。同时他还指出，校本不是学校自身完全自主自决，不能完全局限于本校内的力量。

2. 校本教研。广义上说，是指一切以学校为单位进行的、只要与教学有密切联系的问题，如校本教学研究、校本教育研究、校本教育科学研究等，都可以纳入校本教研的研究视野；狭义上校本教研指的是校本教学研究，即以校为本的教学研究，这也是多数学者倾向的观点。本书要说的校本教研更多的是指狭义上的以校为本的教学研究。开展有效的校本教研能使教师带着研究的意识从事教育教学工作，用研究的目光审视教育教学的各种要素、各个环节乃至整个过程，从而使其从一个单纯的"教育者"转化为一个自觉的研究者、主动的实践者、理性的反思者，实现生命价值质的提升，最终实现教师专业发展。

（三）小学科学课程校本教研

小学科学课程校本教研指的是基于《课程标准（2017）》，以课堂教学变革为宗旨，以提升教师专业化发展、学生学科核心素养为目的，以学校为单位开展的教研活动。它有别于一般意义上的学科校本教研，是要指向国家理想的课程与现实课程之落差的解决，通过这样的校本教研活动，提升科学教师课程设计与实施能力，进而推动小学科学课程教学改革。

二、小学科学课程校本教研活动存在的突出问题

明其"意"后，我们就要审其"行"，以正其"为"。审视前几年我区各所学校科学课程校本教研活动，普遍存在以下突出问题。

（一）未基于课程视角开展校本教研活动

国家课程标准是课程与教学的纲领，落实课程标准是实现立德树人的根本任务，是发展学生核心素养的重要举措。作为一门课程的校本教研工作，一定是需要基于课程的视角进行规划设计，才能实现国家意志。但是实际中学校科学校本教研活动的规划与开展的"本源"并不乐观，具体表现为以下两个方面。

1. 没有课程意识。校本教研活动的主要方式有集体备课、听课评课、经验交流、教学反思等，但往往这些方式的背后是散点状的，并没有共同的"本源"，即不知道这么多形式的校本教研活动是要基于课程标准而设计开展，很少通过校本教研活动思考"为什么学？学什么？怎么学？是否学会？"等课程基本问题，可谓是为了教研而教研，教研活动的效能低。同时，学科教师在问题讨论研究中，针对课程、教学方面问题的研究也不多。

2. 有课程意识，但是难以实施有效的基于课程的行动。部分学校学科教师有课程意识，知道课程、教学、教研活动都要以课程标准为导向，与课程标准保持一致，但是课程标准实施是一项复杂的系统工程，会产生很多具体问题，基于这些问题而开展的教研活动难度大、成效低，往往被"搁浅"。

（二）难以确定校本教研活动的主题

调研老师们普遍反映主题太难确定了，具体表现为两点：一是没有确定主题的意识。往往学校需要上交校本教研活动计划或配档时，作为教研组长"独立作战"，想到什么就计划什么，实际的校本教研活动有可能会遵循当时的计划开展，也有可能"随机应变"，随意性极大；二是有确定主题的意识，但是把握不准研究方向。老师们不知道基于什么来确定活动主题，虽然也尝试着通过网站、书籍等多种途径进行选择，但要么是对选择的主题不明确，要么是不会选，不知道哪个主题"好"，也不知道哪个更"合适"，导致在主题确定上耗费很长时间与精力，但依然没有头绪，最终只能为了活动而活动。

（三）没有真正意义上的专职科学教师，难以进行专业的校本教研活动

我们区虽小，但是特别重视小学科学教师队伍建设，十几年前就要求每所学校都要配备专职科学教师，每年全区教师招聘时，一定会设有小学科学学科教师招聘名额，这对科学课程教学改革来说是件特别有利的事情，可谓有了最基本的保障。但是因为小学科学学科的特殊性，其四大领域内容一对多地对接了理、化、生、史、地等诸多专业的学科课程，导致真正意义上的专职教师几乎没有，要想开展专业的校本教研活动实在是太困难。具体表现为：一是部分教师是物理、化学、生物专业毕业，至少能对接科学学科中的部分内容，相比较来说这部分教师还算具有一定的专业知识，但是对其他领域的内容并不熟悉；二是绝大多数科学教师不具备物理、化学等学科专业知识，他们要么是当年为响应国家号召而学习的师范生，其专业度几乎为零，要么学的是现今为招聘科学教师而放宽政策的"沾边"专业，对校本教研中的专业性内容更是难以驾驭；三是我区任教科学的教师人数只有区区2人，相比其他学校的6人，教研力量较弱，难以进行专业的校本教研活动，更别说进行基于科学课程的校本教研活动了。

三、有效开展小学科学课程校本教研活动的策略

问题清则方向明。近10年我区一直在区域整体推进基于课程标准的"教—学—评—致性"的实践探索，旨在集区域整体力量探索国家课程在课堂有效落地的操作路径，以此为抓手撬动区域课程与教学改革。在这样一个区域整体课程改革的大潮中，各所学校如何有效开展学科校本教研活动，就显得愈发关键、愈发重要、愈发有内驱力。

近几年，我区各学校通过实践探索，提炼出适合我区特点的有效开展小学科学课程校本教研活动的基本范式，如图1-4-1所示。

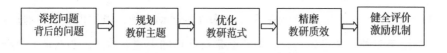

图1-4-1　有效开展小学科学课程校本教研活动的基本范式

（一）深挖问题背后的问题

发现教学问题是开展校本教研活动的首要环节，在教师日常教学工作中能发现的教学问题可谓涉及诸多方面，有诸多类别，如果一一进行研究，避免不了眉毛胡子一把抓，貌似研究了很多点，面也很广，但是很散乱，不聚焦，极易形成面面俱到但是面面都不到的局面；同时，对发现的问题是研究其现象还

是本质、表面还是深层，其效果也会大相径庭。

如何基于发现的问题有效进行研究？实践证明，唯有深挖问题背后的问题，才能真正抓住研究的增长点，进而从根本上解决问题。为此，引领各学校对学科课程教学改革中发现的问题进行多轮次的调研，对调研后的问题进行分析、归类、挖掘和研讨，找准问题症结，即如何基于课程标准精准研制学习目标、如何基于目标设计表现性评价以及如何基于目标进行学习进程设计三大方面。

（二）规划教研主题

深挖问题背后的问题，其目的是解决问题。聚焦以上发现的三大症结，规划好教研活动主题，进而构建出结构化的活动主题序列，是推动校本教研活动有效开展、深化课堂教学变革的首要前提。

1.规划校本教研活动主题

针对调研中学校普遍反映的主题难以确定这一突出问题，经过探索，各学校形成了两种基于问题解决的主题确立模型：一是科学教师基于学校校本教研总的研究方向开发出适合科学学科特点的研究方向；或者是由学校基于校情在总的研究方向的基础上开发出结构化的主题序列，供学科教师学科化地选择开发，形成学科校本教研活动的主题。二是科学教师基于区域学科研究方向、学校研究方向，再结合学科特点，确立出学科校本教研活动主题。无论是基于哪种模型确定研究主题，前提一定要聚焦《课程标准（2017）》实施中的真实问题，实现以"少主题"的深度取代"多主题"的浅层徘徊。基于以上主题确立模型，各学校小学科学课程校本教研活动的主题，如表1-4-1所示。

表1-4-1　各学校小学科学课程校本教研活动主题

学校	主题	学校	主题
皇冠小学	实验探究课深度学习工具的开发与运用的研究	凤林小学	单元视域下1+X挑战性任务群的设计与实施
实验小学	评价任务的设计与实施	海埠小学	单元学习视域下循证教学的探索
长峰小学	凸显思维的目标导向下小学科学评价任务的实践研究	曲阜小学	基于真实情境的表现性任务设计与实施
青岛路小学	单元视域下内容结构化的建构	新都小学	基于问题情境的小学科学单元教学策略研究

续表

学校	主题	学校	主题
明珠小学	基于问题解决的任务挑战课堂	悦海小学	促进深度学习的小学科学不同课型问题序列的研究
崮山中学	学习进阶下的问题驱动性教学	蒿泊小学	指向思维发展的小学科学对话教学研究
泊于中学	口语表达能力的实践探索	西苑学校	低年级科学探究活动有效性实践研究
海南路小学	思维结构化课堂教学的探索	九龙湾小学	大问题驱动的参与式学习

2. 构建校本教研活动主题序列

有了校本教研活动的主题，就需要基于主题开发出"小则以学期为单位，大则以学年为单位"的若干子主题，以构建出序列化、结构化的活动主题，使学科教师形成结构化的研究思维，为聚焦主题开展深入的研究打下基础。主题即目标，目标清，方向则明。下面呈现几所学校围绕大主题开发出的主题序列。

例如青岛路小学，围绕学校研究主题，构建了指向物质科学领域、生命科学领域、地球与宇宙科学领域以及技术与工程领域"单元视域下内容结构化的建构"四个阶段的子主题，每一阶段的子主题再细化为每次教研活动的小主题。以第一个物质科学领域为例构建的教研活动主题序列如下：基于课标、教材、学情分析，建构单元结构化内容，即开发出"单元结构化内容"典型样例；进行单元结构化内容视角下的课例打磨，以此来检验单元结构化内容的建构是否"有效"；提炼单元内容结构化建构的策略，形成相应的策略及开发路径；序列化开发出本领域各单元的结构化内容，帮助教师纵横贯通地理解本领域学科本质。由此，破解了教师只关注课堂的"形"而忽略对学科本质这一"魂"深度理解的难题。

再如凤林小学，围绕"单元视域下1+X挑战性任务群的设计与实施"这一研究主题，从挑战性任务群设计与实施两大层面构建了每学期研究的子主题，形成主题序列，如图1-4-2所示，解决了教师在教学中如何以挑战性任务驱动学生解决生活真实问题，进而实现素养导向教学的堵点。

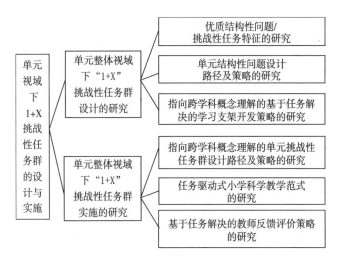

图1-4-2　凤林小学校本教研活动主题序列

　　校本教研活动主题，除以上预设外还可以采用"主题生主题"的方式生成。例如本学年（期）针对某个子主题进行研究，学年（期）末进行总结反思时，总结经验提炼成果，梳理问题剖析论证，从中筛选出最有意义价值的子问题作为新一年（学期）的研究主题，由此往复循环。这个过程并不是简单线性的机械重复，而是不断地螺旋深入，貌似经历了几年的教研活动只解决了一个问题，但实质上成就了"一个问题"的深度解决，甚至是"一类问题"的深度解决。

（三）优化教研范式

　　为确保每一次校本教研活动都能够围绕主题深度开展，需要建立有效的校本教研活动机制，这个机制既有学科校本教研外在的要求，比如说学校对学科校本教研活动的相关规定，更包含学科校本教研活动内在的"约定"。我们都知道，鸡蛋从外打破是食物，从内打破是生长。唯有从夯实学科教研活动开展流程进行"约定"，才能保障活动深度有效地开展。近几年通过不断地摸索，逐步构建出具有我区特色的各学校小学科学课程主题式校本教研活动的基本范式，如图1-4-3所示。

图1-4-3　小学科学课程主题式校本教研活动基本范式

1.基于主题，开发教师研修课程

教师研修课程，指的是以课程的视角，以学科教师研究、探索为主体，以课程要素为设计框架开发学科教研课程，实施以关键性问题解决的研修历程，提升教师的课程意识，发展教师的课程思维。经过探索，形成了我区各学校科学教师研修课程框架，如图1-4-4所示。

图1-4-4　小学科学教师研修课程框架

例如长峰小学，针对教师在分解课程标准时要么是拿来主义、假分解，要么对课程标准片面理解导致核心素养不能真正落地这一关键性问题，开发了教师研修课程，如表1-4-2所示。在这样小而系统的研修课程中，解决的关键性问题清晰；目标明确；课程内容与目标高度匹配；课程实施路径将研修课程开展的组织形式、具体活动、相关要求、研修结果等做了系统规划，强调行动与过程，更大化发挥了以课程做教研的意义；关注评价在研修课程质效中的撬动作用，让研修课程落地有声、入地有痕；课程资源为学科研修课程的有效实施提供保障，同时充分挖掘学科教研课程生成资源的潜在价值，实现资源价值的最大化。

表1-4-2　长峰小学科学学科教师研修课程方案

关键问题	课程目标	课程内容	课程实施	课程评价	课程资源
课程标准的分解能力不足。	通过对新课程标准的解读，提升教师对课程标准的理解能力、分析能力及运用能力。	《课程标准（2022）》研读与分解：从教材自然单元出发，研读课程标准，梳理其对应的课程内容（内容要求、学业要求）和学业质量标准，对课程标准进行初次分解。帮助教师初步了解新课标，理清课程标准中对教材自然单元的课程内容和学业质量标准的相关层级要求，保障教师开展单元教学设计的科学性、整体性、系统性。	1.组织学习：（1）搜集、共享网络上关于新课标培训的各种资源，例如课标修订核心组专家曾宝俊老师解读新课标的系列讲座等，组织教师按时学习，实现对新课标的初步了解；（2）组织学科教师开展新课标相关文章推介，选择有价值的文章在组内推广阅读。以此帮助教师快速学习新课标、了解新课标，为开展基于新课标的教学奠定坚实的基础。2.开发样例：（1）针对从教材自然单元出发的课程标准研读及初次分解，在组内开展反复研讨，开发基于教材自然单元的课程标准初次分解框架，并选择一个教材自然单元制作样例；（2）组织所有教师对框架及样例进行研讨、论证。3.展示交流：由开发框架及样例的教师针对为何要对课程标准进行初次分解、如何对课程标准进行初次分解，结合样例对全组科学教师进行具体培训。4.分组开发：（1）选择四年级上册第一单元教材，组织全组教师对同一单元的课程标准进行研读及初次分解；（2）组织各小组针对开发的资源进行研讨，形成本次活动的定稿。5.共享应用：将课程标准研读与分解的定稿进行全组中共享，在今后的单元教学设计活动中进行推广应用，以改进课堂教学。	1.分组开发：运用所学分解路径以课时为单位进行分解。2.组织讨论：各组对分解的课时课标进行研讨。3.交流研讨：组间进行展示，形成初稿。4.提炼应用：提炼出校本化的课标分解路径。	1.自带《课程标准（2017）》。2.以小组为单位，带齐五年级上册教材与教参。

　　例如西苑学校，在"低年级科学探究活动有效性实践研究"中发现，教师对探究活动的"学科理解力"不足，以致课堂教学中对探究活动有效性难以保障，针对这一关键性问题，开发了教师研修课程，如表1-4-3所示。

表1-4-3　西苑学校科学教师研修课程方案

关键问题	课程目标	课程内容	课程实施	课程评价	课程资源
教师对低段探究活动的"学科理解力"不足。	以必做探究实践活动为载体，学会解读学业质量标准，能够开发不同类别的探究实践活动评价量规，确保教师开展探究式教学的科学性、整体性、系统性。	聚焦新课标中必做探究实践活动，重点以1～2学段13个必做探究实践活动为载体，解读学业质量标准，开发评价量规。	1.梳理框架：组织科学组教师，针对新课标中一年级第一个必做探究实践活动展开反复研讨，梳理其对应的课程内容和学业质量标准，形成梳理框架，并进行论证。 2.交流培训：由教研组长针对为何要梳理新课标必做探究实践活动的课程内容和学业质量标准、如何梳理新课标必做探究实践活动的课程内容和学业质量标准，对所有教师进行具体培训。 3.分组开发：（1）分组完成一年级必做探究实践活动（观察类）的框架梳理，并在组内进行交流、展示、研讨，并在此基础上进一步修改；（2）组织各组针对开发的资源进行研讨，形成最终定稿。 4.开发量规：（1）在前期框架梳理的基础上，组织教师针对观察类探究实践活动进行充分研讨，并选择一个活动开发评价量规；（2）对开发出的评价量规进行充分研讨，总结出开发评价量规的经验做法；（3）组织教师对一年级其他观察类探究实践活动评价量规进行开发。 5.共享应用：将各小组分工开发的量规进行组内共享，并应用于低年级课堂教学探究活动。	1.分小组开发：由一、二年级备课组分别完成新课程标准中低学段所有必做探究实践活动评价量规的开发。 2.共享应用：将各小组分工开发的评价量规应用于低年级课堂教学及学生评价检测。	1.自带《课程标准（2017）》。 2.带齐一、二年级教材与教参。

再如新都小学，针对教师在单元教学中内容结构把握不准，要么不会分析单元内容结构，要么对单元内容分析浅表化现象严重，以致理不清单元内容间的逻辑关系这一关键性问题，开发了教师研修课程，如表1-4-4所示。

表1-4-4　新都小学科学教师研修课程方案

关键问题	课程目标	课程内容	课程实施	课程评价	课程资源
指向学科本质的单元内容结构分析不科学。	通过单元内容结构分析,理清单元内容间的逻辑关联,更好地掌握系统的学科知识,提升教师的学科理解力。	依托教材某一自然单元开展指向学科本质的单元内容结构分析及框架建构,以此促进教师更深入地基于学科本质进行理解,从而理清单元内容间的逻辑关联,更好地掌握系统的学科知识,提升教师的学科理解力。	1.组织学习:集中学习上海市特级教师张瑞芳老师的《指向科学课程核心素养的结构化教学设计》,通过交流探讨帮助教师进一步明确如何分析单元内容结构、如何建构单元内容结构框架、如何探寻单元内容结构所指向的学科本质内容。 2.提炼路径:(1)选择三年级第二单元进行组内研讨,充分挖掘单元内容结构所指向的学科本质内容,开发样例;(2)组织各组针对开发的样例进行交流展示和充分研讨,提炼出建构单元内容结构框架的路径与要点。 3.推广应用:将指向学科本质的单元内容结构及框架运用于单元教学方案、课时教学方案开发等活动中。	1.同单元异分析:组织各组进行同单元异分析活动。 2.交流研讨:组织对同单元进行交流展示和充分研讨。 3.推广应用:将指向学科本质的单元内容结构及框架运用于单元教学方案、课时教学方案开发等活动中。	1.《课程标准(2017)》。 2.三年级上册教材、参考书。

教师研修课程,虽然简约但是系统。通过研修课程,强化学科教研课程整体育人功能,促使教师的研究意识及研究深度从模糊到清晰、从孤立到关联、从平面到立体,突破从"校本教研活动"向"校本教研课程"转化,使提炼加工过的教师经验具有逻辑框架和话语体系,让校本教研活动更具目的性、规范性、系统性、实践性和成果性,彰显学科教研的软实力。

2. 主题研究,坚持共读先行

基于课程标准的教学研究是项难度非常高的专业性活动。对没有真正意义上专业的科学教师的教师队伍来说,其难度系数更是可想而知。面对研究中的难点与堵点,教师们深知欲破坚冰,一定要理念先行,即急需专业理论引领、方法借鉴,以及在他人研究基础上进行新的探索,才能保证研究的深度与实效性,由此共读活动就诞生了。

例如实验小学，率先进行了主题共读活动的探索，所有科学教师基于同一研究主题共同搜集文献、分工阅读、现场共读、尝试梳理微成果，形成同一主题下学科教师共同的话语体系，为关键性问题解决赋能增质。学校提炼出主题共读活动的具体流程，如图1-4-5所示。下面以"表现性评价任务设计"主题共读活动为例，进行具体介绍。

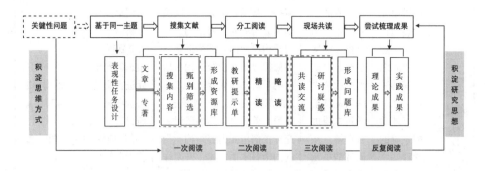

图1-4-5　实验小学共读活动流程

（1）搜集文献：围绕研究主题，从文章和专著两方面进行搜集。科学教师在教研组长的带领下，聚焦"表现性评价任务设计"，一是从当当网等网站上搜集相关专著，二是从中国知网等网站上搜集相关文献，无论是专著还是文献，搜集的教师需要初读内容进行一次筛选，符合主题要求、质量又上乘的内容才能上传至群文件夹，形成本次主题研究的资源库。

（2）分工阅读：对资源库中的资源进行分类整理，由教研组长发布本次共读活动提示单，组内教师依据提示单的要求分头进行二次阅读，每次共读活动需要有一名领读者进行精读并制作成PPT，其他教师进行略读，但都需要形成收获、提出困惑，为现场共读做足"功课"。

（3）现场共读：在前期经历了两次各自阅读的基础上，开展现场共读活动。围绕"表现性评价任务设计"，首先由领读者结合PPT针对共读文章进行详细交流分享，其他教师基于文章中最受启发的一点做法或者是一个思路等进行交流或者补充，对共读内容形成"收获"上的共识；其次基于阅读中的困惑，全体教师进行研讨，对暂时研讨不了的问题，记录下来上传至群文件夹，形成本次共读活动的问题库，以待后续研究。

（4）尝试梳理成果：基于本次共读活动中达成一致的"收获"，及时整理形成理论成果，并尝试着结合具体的课例进行微成果的实践表达。

整个共读过程中，所有的科学教师经历了甄别筛选文献时的一次阅读、对共读内容的二次阅读、对共读内容现场碰撞的三次阅读，以及最后形成微成果时"讨论—输出—讨论"的反复阅读领悟，无形中教师实现了围绕本主题的海量阅读，在这个过程中，教师理论视野的开阔、理论素养的积淀，已远远超出现场共读的那一篇文章。如此厚重的共读活动，积淀下的是一种思维方式，沉淀下的是一种思想，践行出的是一种专业的行动。

3.全员参与，确保研究的深度

针对以往校本教研活动中聚焦一个主题大家一起讨论，最终一人整理，然后大家再讨论，再由那一人整理，多数人员充当着"质疑""点评""围观"的角色，貌似"在研"实则"非研"的"不良"教研背景，避免活动中"一人言万人倒"、活动时"心潮澎湃"活动结束"波涛依旧"的低效甚至无效的局面，为切实激发学科教师参与校本教研活动的内驱力，提升学科教师参与活动的积极性与主动性，各学校创新校本教研活动的组织形式，确保主题式校本教研活动中学科教师参与的广度、深度及效度，努力实现人人研究、全员探索的研究状态。

例如青岛路小学探索出的参与式教研活动，是指由全体科学教师组成团队共同参与的场域。在这样的场域中，所有科学教师聚焦同一个主题，共同参与、共同思考、共同展示、共同发声、共同研讨、共同提升，呈现出每位教师全然投入研究的状态。经过探索，青岛路小学开发出可复制、可迁移的参与式教研活动的具体流程，如图1-4-6所示。下面以《太阳与影子》单元结构化内容构建的校本教研活动为例，进行具体介绍。

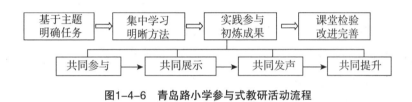

图1-4-6　青岛路小学参与式教研活动流程

（1）基于主题　明确任务：教研组长宣布本次教研活动的主题和任务——

以青岛版小学科学三年级上册第三单元《太阳与影子》为例，建构单元结构化内容体系，需要体现出学科本质，为单元结构化内容构建路径探路。

（2）集中学习　明晰方法：教研组全体教师集中观看上海浦东区特级教师张瑞芳《指向科学课程核心素养的结构化教学设计》的视频，通过单元案例呈现，领会单元内容结构化的建构要点，明晰具体建构方法，总结经验。

（3）实践参与　初炼成果：为确保所有科学教师投入研究，这一环节共分四步走：

①共同参与。为避免每位教师独立操作难度过大、效率较低的弊端，将科学教师进行分组，每组两人，要求组内人人都要有分工，依据所学方法，对课标、教材进行充分分析，要么对单元结构化内容两人共同进行知识、能力等方面的推进研究，要么一人主要负责单元承载的知识，一人主要负责单元所体现的能力，分工梳理单元下课时与课时间的关联，无论是哪种分工，每人都要参与本次活动，最终小组之间需要讨论、交流，共同形成属于小组的初步成果，并将成果可视化。

②共同展示。对形成的初步成果分组进行展示，每组将成果张贴在黑板上，聚焦关键内容，一人汇报，他人补充，形成展示的共同体。本次展示要求至少包含两方面内容：一是单元结构化内容建构的路径（怎么做的），二是单元结构化内容是什么样的（做出了什么）。

③共同发声。每组展示时，其他小组所有成员都要聚焦关键内容进行发声。本次活动重点从路径和内容两方面进行评价，提出建设性意见和建议。比如一组结构化内容中对《影子》一课的分析不够彻底，没有挖掘出影子形成过程中的关键点；没有找出第一课时与第二课时的逻辑关系，建议将核心概念呈现在结构图中，便于教师整体把握概念间的结构。二组对影子的形成过程进行了进一步分解，抓住了光被阻挡和阻挡物这两个关键点，并且找出了第一课时与第二课时的逻辑关系，即太阳下影子的变化是光照方向和角度变化导致的，而光照方向和角度的变化是太阳位置变化引起的，因此将太阳位置变化列入第二课时，但是未体现核心概念……

④共同提升。由教研组长带领所有科学教师，共同寻找各小组交流成果中的"共性"与"疑义"。聚焦其疑义，如"核心概念是否有必要呈现在结构图

中"，小组间进行充分讨论，交流碰撞，最终决定保留；同时达成单元结构化内容建构的共识，即一定要基于本单元课程标准中的核心概念挖掘单元下每一课时的内在关联，同时梳理出核心概念在不同单元中的逻辑关系，由此才能便于上课教师从纵向横向两方面把握单元教材内容结构，最终形成本单元结构化的内容，如图1-4-7所示，提升了所有教师的学科理解力，达成课标要求。

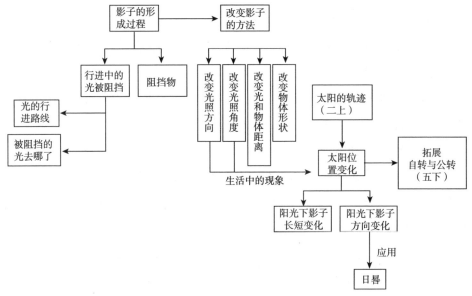

图1-4-7　青岛路小学《太阳与影子》单元结构化内容

（4）课堂检验　改进完善：校本教研活动最终指向的是有效的课堂教学。《太阳和影子》单元共三课时，由三位教师进行单元结构化内容视角下的课例打磨，一是结构化地引领学生建构单元知识体系，二是基于学情反观单元结构化内容的构建，经历一个多轮改进过程，最终才能确定科学合理的单元结构化内容的建构路径，为同领域其他单元提供可借鉴的思路。

（四）精磨教研质效

在校本教研活动开展的诸多要素中，其有效性一直是处于诸要素之首。要保障其有效性，关键抓好两点：一是主题研讨活动的有效性，老师们期盼着校本教研活动的实效，但是实效性并不是仅靠口头喊一喊就能实现，也不是靠教师们的"自觉"行为就能实现，更不是靠教师们的经验而获得，而是需要开发一定的教研工具协助教师获得证据，以证据优化经验，进而实现有效。二是课例研磨活动的有效性，课例研磨活动是整个校本教研活动的最后一公里，要想抓实其有效性，需要摒弃传统的只重教学实施而轻教学设计的模式，转向课例研磨活动有效范式的探索，进而打造"以学生的学习为中心"的课堂教学样态。

1. 开发教研工具

有效的校本教研活动需要借助一定的教研工具来解决"怎样教研有效"的问题，使教研工具实现从"一次教研活动的有效"到"一类教研活动的有效"的迁移应用，让教研工具更具普适性和融合性。我区蒿泊小学、皇冠小学在教研工具开发方面进行了积极有效的探索。

例如西苑学校探索出的教研工具，侧重应用于各类主题研讨活动中，具体指贯穿于教研活动前、中、后整个过程，通过活动明白单、活动记录单以及活动后置单的开发，使教师在主题研讨过程中能够关注要点，聚焦本质，多维辨析，从而实现深度教研。学校探索出以教研工具撬动主题研讨活动有效开展的结构框架，如图1-4-8所示。下面以学校"单元作业设计"主题研讨活动为例，进行具体介绍。

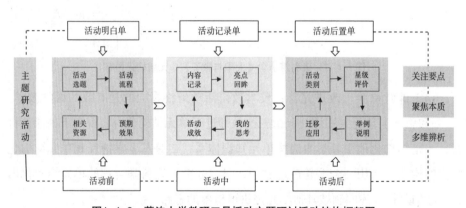

图1-4-8　蒿泊小学教研工具撬动主题研讨活动结构框架图

（1）活动明白单：以问题导向为引领，前移对研讨主题及内容的思考。由教研组长将本次主题研讨活动的时间、地点、主题背景、活动流程、预期效果以及相关准备资源等进行清清楚楚、明明白白的描述，并提前三天下发到每位学科教师手中，便于教师明确研讨活动的要点，做到有备而来。活动流程里的具体内容有助于教师在前移思考过程中，带着"经验+初步的思考"参与主题研讨活动，增强活动的实效性。

（2）活动记录单：为避免主题研讨活动中出现"听了，忘记了"的情况，在记录单中设置了内容记录、亮点回眸、我的思考、活动成效四个板块的内容，其中内容记录鼓励科学教师用思维导图的形式将所学内容进行记录，这种形式一是便于教师在短时间内将要点进行记录，二是便于教师对所学内容形成一种结构化的思维，利于思考；亮点回眸是鼓励教师将所学内容中最大的亮点进行重点详细的记录，便于突出学习收获；思维导图式的记录+亮点回眸，最终的目的是为"我的思考"做铺垫，教师结合备注中"我的思考"的提示，基于个人经验+所学证据，先自行思考《消化与呼吸》的单元作业设计，形成自己的初步意见，以备组间交流，同时为主题研讨活动的效度提供了一定的参考依据。

（3）活动后置单：是指应用于主题研讨活动之后，采用量化与质性相结合的评价方式，对本次主题教研活动进行"全方位"的反馈。每位教师除了针对活动主题、过程、效果进行不同程度的星级评价外，还要写出"最有意义的一个环节"以及"对活动提出一个改进建议"。其目的和意义：一是更精准地了解所有科学教师对活动主题、过程及效果的满意程度，为后续教研提供"证据"支持，便于教师深度参与；二是及时总结主题研讨活动的经验，以形成主题研讨活动的研究路径及可推广的微成果，便于同一类教研活动的迁移应用。

在活动记录单这一教研工具的撬动下，教研组最终研制出了单元作业设计的使用与指导意见，并设计出《消化与呼吸》单元作业，形成了本次主题研讨活动的微成果。

例如皇冠小学探索出的教研工具，侧重应用于课例打磨过程中，具体是指教研组教师基于研究主题开发不同维度的观课量表以供观课教师使用，主要是针对以往课例打磨中，上课教师往往依赖经验进行设计，观课教师几乎从课的开始一直评到结尾，以至于出现上课教师记录了满满的意见，听上去都有道理却苦于太散修改时找不到真正适切建议的"高耗低效"局面，为观课教师提供一种工具，借助工具对课堂进行深入观察，强调观课者的证据意识，便于上课教师将有效的证据运用于教学决策中，改进教学，在一定程度上变革了教师的思维方式，凸显实证教研。下面简单进行介绍。

开发观课量表。观课量表是指观课教师以课堂教学为依据，围绕研究主题，基于共同关心的教学问题和有价值的教学现象确立不同的观课点，基于观课点设计不同的观课维度开发不同的观课量表，便于执教教师与观课教师进行基于证据的对话与交流，切实提升教师课堂教学水平。学校基于观课量表开发的多次探索，提炼出基于主题的观课量表开发路径模型，如图1-4-9所示。

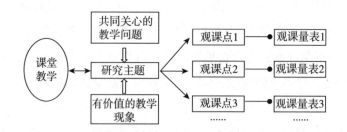

图1-4-9 皇冠小学基于主题的观课量表开发路径模型

基于开发路径模型，学校围绕"问题驱动下的参与式深度教学"主题，开发出问题驱动的有效性、课程参与程度、教师课堂理答三个观课点，并基于每一观课点开发出不同维度的观课量表，例如围绕"问题驱动的有效性"观课点，设计了指向目标的问题记录、问题指向目标情况、六维认知水平、问题设计有效性的分析及建议以及综合评价几大具体观课纬度。这样的观课量表，突出了证据的收集、研判与应用，确保了基于主题的有效校本教研。

基于观课量表改进教学。观课量表作为一种教研工具，其开发的最终目的是发现和理解教学、改进与重构课堂。具体操作流程为：观课前将观课教师进行分组，每组一个观课点；观课时观课教师深入学生中间，利用观课量表进行"量+质"的观课活动；观课后先由各观课组教师进行"证据"整理，然后与执教教师交流对话：①各观课组组长对观课量表中记录的数据性的信息进行定量分析，例如指向目标一的问题驱动是多少个问题是清晰的、多少个问题是无效的、多少个问题的认知水平是"理解"……由此得出初步的结论并给出修改建议；②基于这些证据，观课教师与执教教师之间进行深层次对话，共同探寻问题背后深层次的症结，是教师对学科本质理解得不够，还是教师的实践能力不足，抑或是以学生学习为中心的课堂教学理念还是未真正地建立……通过诊断教学问题成因，形成改进策略。

教研工具，除以上两所学校所探索的"外在"工具外，还包含"内在"的系列工具。例如：为了有效地进行单元、课时教学方案设计，悦海小学开发出的单元/课时教学方案模板、单元教学方案质量标准；为了保障课堂教学的有效性，新港小学开发出的循证教学评价标准等。无论是外在的还是内在的教研工具开发，无疑都在为有效的教研活动保驾护航。

2.构建课例研讨范式

课例研讨活动，是校本教研活动中最受教师们欢迎的一种教研活动，因为它直指课堂本身，是打通校本教研各种活动理念到课堂教学的"最后一公里"。为此，各学校在课例研讨活动方面进行了积极深度的探索。曲阜小学经过长年探索，提炼出青年教师基于表现性评价任务设计与实施的"四研三磨"课例研讨活动范式，如图1-4-10所示。

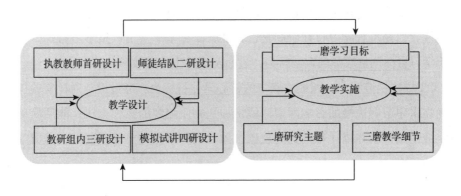

图1-4-10　曲阜小学"四研三磨"课例研讨活动范式

★　第一阶段："四研"教学设计

一份高质量的教学设计是进行优质课堂教学的首要前提。

（1）执教教师首研设计：执教教师对《课程标准（2022）》、教材、学情进行综合分析，确定学习目标；基于学习目标设计表现性评价任务，依据任务规划学习进程，形成教学设计初稿。

（2）师徒结队二研设计：师傅重点从学科逻辑、学习逻辑的视角对教学设计初稿进行整体分析与指导；执教教师将首研教学设计时遇到的困惑与师傅进行探讨；执教教师基于理解，对研讨后的教学设计进行修改整理。

（3）教研组内三研设计：教研组内所有教师参与，对修改后的教学设计分板块进行研讨、交流，比如学习目标的制定是否精准、评价任务的设计是否基于真实情境、学习进程设计是否具有逻辑关系等，执教教师再次进行教学设计的修改整理。

（4）模拟试讲四研设计：执教教师根据前期反复研讨确定的教学设计，在教研组内进行模拟讲课，其他教师再次从整体与细节上提出问题和建议，通过思维碰撞、融合创新、智慧众筹，确保设计的质量与深度。

整个"四研"教学设计的过程中，始终秉持着一个原则：教学设计的视角一定要从教师"教什么""怎么教"转变为学生"学什么""怎么学"，即基于学生学习的视角进行设计，才能确保课堂实施中学生学会。

★　第二阶段："三磨"教学实施

以《怎样加快溶解》一课为例进行具体说明：

（1）一磨学习目标：通过具体的课堂教学信息，一是重点查看学习目标是否达成，二是反观学习目标研制是否精准，要么基于学情调整学习目标，要么基于学习目标调整教师的教学行为，进而实现学生的有效学习。

《怎样加快溶解》一课最终确定的核心学习目标为：通过设计对比实验探究冰糖在水中溶解快慢的影响因素，说出加快物质溶解的三种方法；能用简单的文字或图画记录并描述观察到的现象，体验到科学探究要尊重证据，养成细致观察的习惯。

（2）二磨研究主题：研究主题即学科主打研究方向，如学校的评价任务设计与实施，二磨中着重磨基于学习目标的评价任务是否基于学情，是否对学生学习有挑战性，是否能促使学生基于真实情境解决真实问题等。

经过磨课，最终设计的评价任务为：蜜雪冰城奶茶店为了"欢度国庆节 喜迎二十大"特推出奶茶"买一送一"大酬宾活动，此次活动优惠力度大，导致奶茶供不应求，候茶时间过长，现邀请同学们想办法如何在最短的时间内让冰糖溶解，帮忙调制香甜可口的奶茶，以减少顾客等候时间。由此，学生经历了在真实情境中解决问题的历程，有效达成学习目标的同时，培养了学生的学科素养。

（3）三磨教学细节：这里的"三"，是个虚数，不是指第三遍，而是泛指对课堂教学中各种具体的行为与语言的打磨，这种打磨是不断地推敲，是质量的螺旋上升，而非简单机械地重复。

整个"三磨"过程中，每一次都重点磨学生的学习行为，通过学生的学习行为表现来反观学习目标是否达成以及研究主题的设计是否合理等，进而改进教学。学习目标与研究主题是每一次都必磨的内容，之所以分开列是因为每次磨要突出每一次的重点，比如第一次磨学习目标，在修改后进行的二磨、三磨同样需要磨，只是磨的侧重有所不同。

这样的研磨活动，着力构建出的是在真实情境中解决问题的"以学生的学习为中心"的课堂。当然以上列举的是曲阜小学以课时为单位进行的课例研磨，目前全区各所学校正在探索单元视域下所有课时的研磨活动。

（五）健全评价激励机制

各学校科学学科校本教研活动，虽然有区域推进基于课程标准教学的大氛围、大环境，但是要想让学科校本教研活动深入研究，还需要借助一定的评价激励机制，在监督、指导学科教师校本教研活动开展质效的同时，通过评价发现典型及时推广引领辐射，激发学科教师持久的研究力。

我区各学校为提升学科校本教研活动质效，一是定期开展学科交流展示活动，固定展示是指每学期末各学科教研组长要对一学期的校本教研工作进行梳理提炼并进行学科教研组间的交流展示，共享经验以共同提升；非固定展示是指学期中为攻克某一微主题，而组织开展的学科组的交流展示，相互碰撞，深度对话。二是在学校教师考核中加大了优秀学科教研组考核的比重，增强教师学科教研的意识与动力。三是健全激励机制，凡被评为优秀学科教研组的，在业务类评先选优活动中优先推荐……

区教研中心遵循"建设为主、先建后评、以评促建"的原则，构建了"学科教研组指导—优势教研组培育—学科教研基地评选"的进阶性校本教研活动评价激励机制，在年终督导考核中提升教研组考核比重，出台《经开区学科教研组发展评价标准》《经开区优势教研组培育方案》《经开区学科教研基地评价标准》和《经开区学科教研基地建设管理办法》等系列文件，从区域层面激励学科校本教研活动深度开展，赋能学科教师专业成长。

由此，学校与区教研中心共同发力，推动学科校本教研活动由"做起来"到"做得好"再到"更好地做"进阶，确保基于课程的学科校本教研活动提质增效，进而辐射引领全区学科校本教研活动开展，实现区域学科课程教学整体变革。

第二章　小学科学单元大概念解读策略

崔允漷教授曾说，单元是一种学习单位，一个单元就是一个学习事件、一个完整的学习故事、一个微课程。单元大概念，是以单元为单位，隐藏在显性的科学知识与隐性的科学思维方法背后更为本质、更为上位的概念，可以说它凝聚着本单元的核心教育价值，有助于学生深入理解和迁移运用科学知识，形成科学思维，为学生将来的学习和生活奠定基础。本章主要包含单元大概念提取策略、单元视域下教材分析策略以及单元视域下课时概念解构策略，以期为一线教师提供概念解读的具体方法。

第一节　单元大概念提取策略

以大概念为中心的单元教学设计是当前组织教学活动的重要理念与方向，它覆盖和服务于整个单元，帮助教师聚焦学科本质进行教学设计与实施，将"知识点的灌输式教学"转变为"素养导向下的教学"，助力学生形成"大"学习观，从而促进高阶思维的发生与迁移，促进学科核心素养落地。由此可见，单元大概念的提炼对单元教学至关重要。

单元大概念的提取，不同学者有不同的观点，当前较为主流的是浙江大学教育学院课程与学习科学系刘徽副主任总结出的两种策略，第一种是"自上而下"提取，包括课程标准、学科核心素养、专家思维、概念派生四个方面；第二种是"自下而上"提取，包括生活价值、知能目标、学习难点、评价标准四个方面。

一、"自上而下"提取单元大概念

"自上而下"提取单元大概念，是指按照教育教学目标的逻辑，以国家颁布的《课程标准（2022）》为依据，通过梳理、研读单元对应的核心概念、深入分析概念间的关联，进而提炼出单元大概念。单元大概念提炼路径如图2-1-1所示，下面以青岛版小学科学五年级上册第一单元《遗传和变异》为例，进行简要说明。

图2-1-1 单元大概念提炼路径

（一）梳理研读单元对应的核心概念

《课程标准（2022）》是国家的意志，规定着教师教什么、怎么教、教到什么程度以及学生学什么、怎么学、学到什么程度。首先，阅读《遗传和变异》单元教材，将单元内容与课程标准13个核心概念进行对接，找到本单元对应的课程标准中的核心概念有两个：一个是核心概念五"生命系统的构成层次"，另一个是核心概念八"生命的延续与进化"，然后研读其内涵及教育价值。核心概念五旨在让学生知道生命系统与其他物质系统一样具有层次性，遵循自然界的共同规律，细胞是生物体结构与生命活动的基本单位。核心概念八旨在让学生知道生物通过生殖、发育和遗传使遗传信息代代相传，实现生命的延续；在延续的过程中遗传信息可能会发生改变；生物的遗传、变异与环境因素的共同作用形成了生物的进化，进而使教师从顶层上把握概念准确的内涵及其教育价值。

其次，将两个核心概念下相应的学习内容、内容要求以及学业要求等一并进行梳理，如图2-1-2所示。

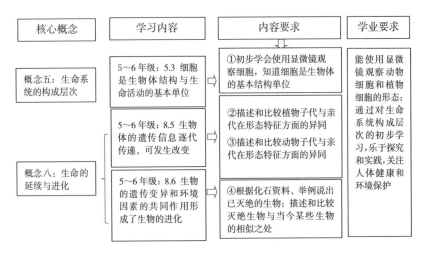

图2-1-2 《遗传和变异》单元课程标准要求

（二）深入分析单元概念之间的关联

对梳理出的单元课标要求进行分析可知，本单元聚焦到生命系统构成层次中的最底层——细胞，生物体生长、繁殖、衰老与死亡的过程实质上就是细胞在不断地生长、繁殖、衰老与死亡，生物将自身的形态特征或生理特性传给后代的现象称为遗传，如果表现出差异称为变异，生物体通过繁殖、发育以及遗传等使信息代代相传，就实现了生命的延续，在延续过程中遗传信息有可能发生改变。并借助灭绝的生物与当今生物的相似之处的描述，进一步理解生命的延续与进化。

至此，概念之间的关联已经非常明显，概念五是本单元学习的内在基础，概念八遗传和变异现象是其"进一步深化"，而生命的延续与进化是本单元学习要建构出的观念，最终通过本单元学习，有助于学生形成结构与功能、稳定与变化等跨学科概念，相比而言核心概念八更上位。

（三）抽象概括单元大概念

基于以上分析，再结合本单元搜集资料、小组合作探究等探究实践方式，最终提炼出本单元的大概念是：探寻生物进化的原因和证据，以此统摄整个单元学习，指向生命的延续与进化。

二、"自下而上"提取单元大概念

"自下而上"提炼单元大概念，是指通过对单元教材内容进行深入分析和挖掘，理清单元内容间的逻辑关系，从基于学科本质理解的角度对知识进行提炼，提取大概念。"自下而上"提取单元大概念，主要包括对接教材梳理事实知识、分析关系构建知识体系、深入挖掘把握学习难点、归纳概括提取单元概念四大步，具体路径如图2-1-3所示。下面以青岛版小学科学四年级上册第四单元《消化与呼吸》为例，进行简要说明。

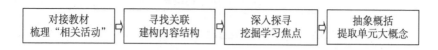

图2-1-3 "自下而上"提取单元大概念的路径

（一）对接教材，梳理"相关活动"

研读单元教材内容，结合课程标准中对本单元的相关要求，依次梳理出每一节课中的"相关活动"，发现本单元教材中共安排了16个活动，内容分别为：（1）认识食物中的营养成分；（2）检测食物中的营养成分；（3）知道怎样合理搭配膳食；（4）认识消化器官；（5）探究食物是怎样被消化的；（6）知道如何保护消化器官；（7）认识常见的肠道传染病；（8）探究肠道传染病传播途径；（9）知道如何预防肠道传染病；（10）认识呼气器官；（11）探究吸进和呼出的气体是否相同；（12）知道如何保护呼吸器官；（13）认识常见的呼吸道传染病；（14）探究呼吸道传染病的传播途径；（15）知道如何预防呼吸道传染病；（16）学会规范使用口罩的方法。

（二）寻找关联，建构内容结构

将本单元打散的16个活动内容进行分析，寻找其内在的关联，初步建构出本单元的内容结构，如图2-1-4所示。通过对单元内容结构进行分析、抽象及概括，可初步提取出以下概念：食物中有各种各样的营养成分，要合理搭配；探究消化器官的作用，知道如何预防肠道传染病；探究呼吸器官的作用以及知道如何预防呼吸道传染病。

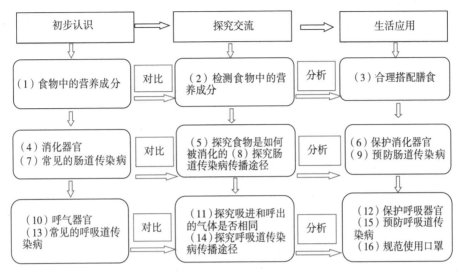

图2-1-4　《消化与呼吸》单元内容结构

（三）深入探寻，挖掘学习焦点

通过单元内容结构图继续向深处分析：从宏观上看，本单元指向的是生命系统构成层次中的"器官"，要建构消化器官与呼吸器官模型，在模型建构中理解生命系统的复杂性与层次性，有助于学生形成结构与功能、系统与模型等跨学科概念。从微观处着眼：（1）学生要先了解食物中的营养成分，知道营养成分有些溶于水，有些不溶于水，抓住不溶于水的营养成分对其进行检验，再进一步探究不溶于水的食物在人体内的消化过程，让学生深刻感受到消化器官的重要性，进而在生活中要科学合理饮食、积极参加体育锻炼以保护消化器官；生命活动除了消化食物，生命体还需要呼吸，于是对呼吸器官进行探究，进而明确应保护好呼吸器官。（2）无论是了解食物中的营养，还是探究消化器官和呼吸器官的作用，都离不开探究实践这一核心素养的培养，即学生需要在探究活动中观察、建模、分析等。

通过以上分析可知，本单元旨在引领学生通过探究消化器官、呼吸器官的作用，明确其对人体生命活动的重要意义，进而能保护好器官。由此，本单元的学习焦点为：如何能让学生理解消化器官和呼吸器官对人体生命活动的重要意义。

（四）抽象概括，提取单元大概念

综合以上分析，无论是消化器官还是呼吸器官，它们相互作用的最终目的是提供人体生命活动所需要的能量。因此，抽象概括出本单元的大概念为：消化器官和呼吸器官共同作用释放出生命活动所需的能量。

第二节　单元视域下教材分析策略

近十年我们区重在进行基于课程标准的"教—学—评一致性"的研究，即一方面是基于课程标准精准研制教学目标，打通课程标准落地的通道；另一方面是应用"教—学—评一致性"原理，设计指向目标达成的教学评价与学习活动，最终在课堂中实现基于课程标准的教学。在这样一个基于课程标准的闭环式的教学研究中，显而易见教学目标是首位的，它直接决定着课堂教学的方向，而在教学目标的研制中，教材分析至关重要，因为它是国家课程标准落地的重要载体。

一、概念界定

（一）教材分析

长时间以来，许多教师认为教材、教科书、教学内容这三者是同一概念的不同表述方法，其实这是对教材的内涵缺乏深入、细致的研究。什么是教材？教材，顾名思义就是"教和学的材料"，是学生在学习过程中获得某一课程经验需要的所有与之相关的介质和手段，是学生通过学科学习达成国家课程标准要求的内容载体，也是教师在从事教学活动中利用的一切素材和手段，它既包括各种各样的纸质印刷教材，例如教科书、教辅资料、教师参考书、教学杂志等，也包括根据教学需要围绕学科课程内容开发的形形色色的视听电子教材，例如多媒体课件、录像课、微课、网络公开课、教学软件等，当然这是指广义的教材。而狭义的教材专指广大一线教师和义务教育阶段的学生最为熟悉的国家免费提供的、人手一册的教科书。此处所说的教材，专指狭义的教材。

什么是教材分析？淮北师范大学张昆教授指出：所谓教材分析，就是对教学材料的分析，是指教师将在一段时间内（比如一课时、一单元时段，甚至一个学期时段）将要传授的教学内容分解开来，认识它的每个部分或每个层次的要素及其关联过程的实质，在此基础上，获得对教科书中的知识内容的整体认识的思辨过程。

（二）单元视域

是指以一个单元为单位，在这样的一个范围内，对相应的内容进行领会或理解的构架或视野，这个单元可以是教材自然单元，也可以是"大单元"，也就是我们常说的经验单元。

（三）单元视域下的教材分析

是指基于课程标准，深入解读和剖析同一单元下不同教学内容的关联，整体了解单元内容的分布和联系，梳理内容结构，确定单元学习任务和要求，并有针对性地设计教学方法，以帮助教师整体、系统地认识和把握单元教学内容的特点，为制定教学目标、设计教学评价、实施教学活动奠定基础，最终达成课程目标。

二、为什么要开展单元视域下的教材分析

（一）有利于把握"基于课程标准"的精髓

单元是依据课程标准，围绕主题（专题、问题）或活动等选择学习材料，并进行结构化组织的学习单位，单元向上承接课程目标，向下统领单元内的课时目标、内容、活动、作业、评价、资源等。课程开发中的传递性、结构性问题需要课程实施者通过教材的二次开发予以解决。也就是说，单元教材分析，是课程实施者分解、传递和落实课程目标的关键一环。

（二）能够既见"树木"更见"森林"

传统的教材分析往往是以课时为单位的就课备课、就课论课的着眼点过小的狭窄化分析，忽视了课时与课时之间的关联，较少以单元、主题为单位的结

构化研究与实践。开展单元视域下的教材分析,强调的是教材内容中体现出的目标的整体性、知识的系统性、训练的序列性,以及分析方法的整体性、高效性和综合性,能有利于教师既见"树木"更见"森林",明白"大处着眼易见人"的道理。

(三)有利于让学生经历完整的学习过程

所有的研究最终都应该指向学生,单元是教学过程中相对完整的学习"段落",是一个包含了知识、技能和活动的完整的学习过程,唯有进行单元教材分析,才有利于学生在一个真实的大情境中,经历一个完整的学习活动,实现结构化的解决问题的思维,以提升在新情境中迁移运用的能力,进而实现学科核心素养。

三、开展单元视域下教材分析的具体方法

《课程标准(2017)》三大突出变化:一是用大概念构建课程内容框架;二是基于学习进阶设计课程内容;三是基于思维的科学教学。基于课程标准的突出变化,结合我区小学科学课堂教学的两大突出问题(缺乏基于概念的教学体系、思维能力培养与发展亟待提升),确立了我区小学科学学科研究的主方向——指向思维发展的概念教学,既是对基于课程标准教学的体现,更是指向了育人的教育价值。

正是在这样一个研究方向的引领下,梳理出具有我区特色的单元教材分析路径:"基于概念确定单元""基于单元分解课标""基于课标确定单元大概念""基于单元大概念梳理单元结构",如图2-2-1所示。

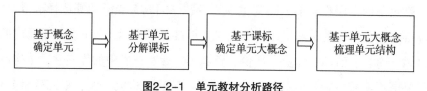

图2-2-1 单元教材分析路径

(一)基于概念确定单元

基于概念确定单元需要经历:通读教材,初步了解单元内容;再读教材,理清领域知识结构;基于教材,提取相应的概念;基于概念,确定单元的一般

流程。具体方法如下。

1. 通读教材，初步了解单元内容

第一遍读教材，要从单元教材的"主体"要素与"附件"要素两方面进行通读。主体要素指的是单元下每一课教材的模块化（或版块化）内容，比如青岛版教材中的活动准备、活动过程、拓展活动；教科版教材中的聚焦、探索、研讨、拓展；以及青岛版教材中的方法指导、思维导航、探究技能或泡泡语；教科版教材中的资料、提示、科学词汇等。附件要素指的是导言、目录、单元页等，比如青岛版教材每单元后面还有单元评价等。通过这样通读教材，便于教师对单元教材内容有个初步的了解。

2. 再读教材，理清领域知识结构

第二遍读教材，从课程标准中寻找单元所属的学科领域，明确领域知识结构及育人价值，旨在从学科"顶层"进行初步的"架构"。

以青岛版小学科学一年级下册第三单元"常见的材料"为例进行说明：通过通读第三单元教材，一是从课程标准四大领域中找到本单元属于物质与科学领域。二是找到该领域的知识结构图。对知识结构图进行分析，发现该领域知识结构共有三个层级：第一层级是物质世界，明确给出了物质科学的研究对象和研究领域；第二层级是"物质""运动"和"能量"，它们既是物质科学的三个学科核心主题，也是物质科学的三个学科核心概念；第三层级是三个学科核心概念的具体化。在三个学科核心概念中，物质反映了物质世界的构成性特征，即世界是物质的，而物质又包括"物质""物体"和"材料"，材料是具有特殊性能的物质，即是功能化了的物质，由此对本单元从顶层上进行了架构。三是明确本单元的价值观念，就是引导学生建立"物质"概念，形成"物质意识"，即物质观。

3. 基于教材，提取相应的概念

从课程标准相应领域中提取出单元下每一课对应的内容标准，先找主要概念，再到具体概念，到学段目标，进而完成单元概念框架表。有的单元只涉及一个领域，提取起来相对简单，有的单元面对两个领域，提取时需要仔细。例如二年级下册《磁铁》单元提取的概念框架内容，如表2-2-1所示。

表2-2-1 《磁铁》单元概念框架表

单元	课题	主要概念	具体概念	学段目标	学段目标
二下第二单元《磁铁》	4.《认识磁极》	6.机械能、声、光、热、电、磁是能量的不同表现形式	6.5磁铁有磁性，可对某些物体产生作用	6.5.2磁铁总是同时存在着两个不同的磁极，相同的磁极相斥，不同的磁极相吸	说出磁铁总是同时存在着两个不同的磁极
	5.《磁极的秘密》				知道相同的磁极相斥，不同的磁极相吸
	6.《指南针》			6.5.1磁铁能对某些物体产生作用	知道指南针的小磁针是磁铁，可以用来指示南北

4.基于概念，确定单元

通过单元框架表中的一个具体概念来找教材中的课，然后与单元概念框架表中的内容进行对照，依据具体概念尽可能具有"完整性"或"结构性"以及遵循概念建构的规律的原则（引入概念—建构概念—巩固概念—应用概念），两者须综合考虑，确定单元。此时的单元内容，一种情况是找到的课恰好是教材单元中的课，即自然单元，那就以这个教材自然单元为单元；另一种情况是找到的课与教材自然单元中的不符，这就需要用"增"或"减"的方法重组单元内容，这时，重组内容后的单元就是我们所说的经验单元，对这个经验单元确定名称，完成课时分配，填入单元属性表。当然，在重组这个单元时，我们不仅是把几课的课题进行了重组，其中每一课的具体内容也以单元的视角，进行了重组，每一课的课题也有了相应的名称，这是一个比较复杂的过程，下面呈现相对容易理解的第一级。

（1）用"增"的方法重组单元内容

以青岛版二年级下册《磁铁》教材自然单元为例，首先从课标中6.5"磁铁有磁性，可对某些物体产生作用"这个分解概念出发找课，找到一年级上册第三单元第7课《玩磁铁》和二年级下册《磁铁》单元（《认识磁极》《磁极的秘密》《指南针》），与《磁铁》单元概念框架表中的内容进行对照，发现少了《玩磁铁》。然后分析分解概念，发现6.5的这个分解概念，在整个小学阶段只分布在1~2学段，其他学段不涉及；从教学实际来分析，这个具体概念下的内容一上到二下跨度太大，尤其一上只有一课，为避免二下学习本单元时还需要再把一上的内容单独进行"巩固"，决定把一上的第7课整合到二下《磁铁》单元。从概念建构规律看，整合后的单元缺少对磁铁的应用，继续找课，找到二下16课《制作磁悬浮笔架》，虽然属于技术与工程领域，但是制作磁悬浮笔架是对分解概念6.5的应用，因此，将《制作磁悬浮笔架》一课也整合进这一单元，于是由原来教材自然单元中的3课，整合为5课，至此，《磁铁》经验单元诞生，完成单元属性表，如表2-2-2所示。

表2-2-2 《磁铁》单元属性表

单元次序	第二单元	
适用年级	二年级	
课时数	5	
课时具体安排	课时	课题
	第1课	《玩磁铁》
	第2课	《认识磁极》
	第3课	《磁极的秘密》
	第4课	《指南针》
	第5课	《制作磁悬浮笔架》

（2）用"减"的方法重组单元内容

以青岛版小学科学三年级上册第六单元《水的三态变化》教材自然单元为例，首先从课标具体概念2.1"水在自然状态下有三种存在状态"找课，找到《水蒸发》《水沸腾》《水蒸气凝结》《水的三种状态》四课，与单元概念框架表中的内容进行对照，发现多了18课《地球上的水》。然后分析具体概念，发现18课《地球上的水》属于地球与宇宙科学领域，主要落实具体概念14.2"地球表面有由各种水体组成的水圈"；19、20、21、22课属于物质科学领域，落实概念2.1"水在自然状态下有三种存在状态"以及概念6.3"热可以改变物质的状态"。为保证具体概念的相对完整性、结构性及关联度，减掉了18课。从概念建构的规律来看，19、20、21、22四课符合概念建构规律，于是，从原来的5课确定为现在的4课，《水的三态变化》经验单元属性表完成，如表2-2-3所示。

表2-2-3 《水的三态变化》单元属性表

单元次序		第六单元
适用年级		三年级
课时数		4
课时具体安排	课时	课题
	第1课	《水蒸发》
	第2课	《水沸腾》
	第3课	《水蒸气凝结》
	第4课	《水的三种状态》

（二）基于单元分解课标

基于单元分解课标需要经历提取并核实四维目标、分解内容标准的一般流程。具体方法如下。

1.提取并核实四维目标

分两步进行。第一步：提取四维目标。按照经验单元的内容，对原单元概念框架表中提取的相应概念进行适当的修正（增、减），然后从课标中提取本单元相应的探究目标；态度目标以及科学、技术、社会与环境目标，完成单元课程目标框架表。如二年级下册《常用工具》单元课程目标框架表，如表2-2-4所示，框架表的格式根据单元提取的具体课程目标进行适当调整。

表2-2-4 《常用工具》单元课程目标框架表

	领域	技术与工程领域
科学知识目标	主要概念	17.技术的核心是发明，是人们对自然的利用和改造
	分解概念	17.3工具是一种物化的技术
	学段目标	认识常用工具，了解其功能
		使用工具对材料进行简单加工
科学探究目标		搜集证据：在教师指导下，能利用多种感官或者简单的工具，观察对象的外部形态特征及现象
		表达交流：在教师指导下，能简要讲述探究过程与结论，并与同学讨论、交流
科学态度目标		实事求是：能如实讲述事实，当发现事实与原有的想法不同时，能尊重事实，养成用事实说话的意识
		合作分享：愿意倾听、分享他人的信息；乐于表达、讲述自己的观点；能按要求进行合作探究学习
科学、技术、社会与环境目标		了解生活中常见的科技产品及其给人类生活带来的便利

第二步：对照教师教学用书对提取的课程目标进行核实。课程目标的提取一旦有误，会直接影响到教学目标、评价设计及进程安排一系列内容，违背了基于课程标准的教学，因此，在完成单元课程目标框架表后，一定要对照教师教学用书后面的附录——各单元教学目标分布框图进行核对，确保提取无误。说明：一定要先自行提取，再进行核对，只有亲自参与，才会更加熟悉、熟练地使用课程标准，提升基于课程标准的意识，才能真正地实现基于课程标准进行教学。

2. 分解内容标准

我们常说的课程标准分解，主要指的是分解课程的内容标准，指向的是技术层面，即针对具体的内容标准，采用科学的程序和方法，将目标具体化的过程，重在解决课程目标"是什么"、课程实施"如何学"、课程评价"评什么""如何评"等问题，一般采用分层合并法或扩展剖析法。

内容标准分解的原则是拆解、分解与细化。通常遵循拆解"标准"要素、分解或剖析核心概念、分层行为动词、确定行为条件和表现程度的流程进行，具体方法如下。

（1）拆解"标准"要素。即按照基本的语法结构，将内容标准（要具体到学段目标）拆解为行为动词和核心概念。以三年级下册第三单元课程标准框架表中的学段目标为例：13.1（3～4学段目标）描述一天中在太阳光的照射下，物体影子的变化规律，对这条内容标准进行拆解，从而得到行为动词（描述）和核心概念（一天中在太阳光的照射下，物体影子的变化规律）。

（2）分解或剖析核心概念。核心概念的分解或剖析可采用理论意义展开或概念认知展开等方式。比如上述内容标准例子中的核心概念是：一天中在太阳光的照射下，物体影子的变化规律。物体分解为同一物体与不同物体；变化规律分解为长度变化规律与位置变化规律，如图2-2-2所示。单元视域下分解课程标准，须关联本单元所有相应的内容标准，进行逐条分解。

图2-2-2　拆解"标准"要素、分解核心概念示例

（3）分层行为动词。目标中的行为动词是用来表征认知水平的，需要基于学科逻辑和教师经验予以剖析、分层。行为动词要遵循具体、明确、可观可测可评的宗旨，对照《国家课程标准学习水平与行为动词》，找准认知水平层级，明确学习行为成果，最终细化行为动词。还以13.1内容标准为例，其中的行为动词是"描述"，对照《国家课程标准学习水平与行为动词》，找准学习水平是"了解"，"描述"不可观不可测，因此在"了解"学习水平的动词中替换为可观可评可测的"说出"。

（4）确定行为条件和表现程度。针对上述剖析所得的学习结果，需要结合具体的学情和教材，明确达成这一行为所需的资源、限制条件等，即达成目标的行为条件。如"说出一天中在太阳光的照射下，物体影子的变化规律"，可采用"具体测量""通过观察""小组合作"等策略或方法。

补充行为条件后，还须对目标中的行为表现程度进行考量。按照学习水平的不同，可有以下表现程度，"能用自己的话说出""正确说出""能从不同角度分析并说出"等。

综合以上分析，对内容标准的分解结果依次填入内容标准分解框架表中，如表2-2-5所示。

表2-2-5　内容标准分解框架表

行为条件	行为动词	认知水平	核心概念	
具体测量 通过观察 小组合作	说出	了解	同一物体 不同物体	影子长度变化 影子位置（方向）变化

（三）基于课标提炼单元大概念

单元大概念的形成，是以一定的单元知识为载体，借助一定的科学方法抽象概括而成，因此，单元大概念既可以是一个单元中重要的结论，也可以是单元中经典的学习方法，更可以是单元中重要的价值观念，在单元中具有举足轻重的作用，它具有"单元独特性"。单元大概念主要有三种类型，分别是知识类、方法类以及情意类。提炼单元大概念，第一节中已经说过，可以采用"自上而下"的课程标准、学科核心素养、专家思维与概念派生等方式，也可以采用"自下而上"的知能目标、生活价值、学习难点及评价标准等方式提炼。结合小学科学学科特点，比较适用的还是"自上而下"地基于课程标准进行提炼，毕竟我们学科课程标准中概念的表述还是比较具体的。

基于课标提炼单元大概念本着"对具体（分解）概念进行分析"的原则，通常采用直接使用、对比提取、"优先"选择等方式进行提炼，具体方法如下。

1. 直接使用

当某个单元对应的课程标准中的某一个分解概念（具体概念）恰好是完整的，那么这个分解概念可以直接作为这个单元的大概念。比如四上《声音的秘密》单元，梳理出单元概念框架表，如表2-2-6所示。发现这个单元正好对应了6.1这个分解概念的所有相关内容，那么这个6.1可直接作为单元大概念，即声音因物体振动而产生，通过物质传播。

表2-2-6 《声音的秘密》单元概念框架表

主要概念	分解概念	具体概念	学段目标（3～4年级）	年级	单元	课题
6.机械能、声、光、热、电、磁是能量的不同表现形式	6.1声音因物体振动而产生，通过物质传播	6.1.1声音可以在气体、液体和固体中向各个方向传播	举例说明声音在不同物质中可以向各个方向传播	三年级上册	第五单元《声音的秘密》	16.《声音的产生》
		6.1.2声音因物体振动而产生	举例说明声音因物体振动而产生			17.《声音的传播》
		6.1.3声音的高低、强弱与物体振动有关	知道声音有高低和强弱之分；制作能产生不同高低、强弱声音的简易装置，知道振动的变化会使声音的高低强弱发生改变；知道噪声的危害和防治；知道保护听力的方法			18.《声音的变化》

2. 对比提取

当某个单元对应了课程标准中同一个主要概念下多个不同的具体概念时，可对多个具体概念与领域大观念（概念）进行比对，从而提取出单元大概念。具体步骤为：首先明确单元所属领域知识的教育价值，即形成的观念（领域大概念），然后从单元对应的多个具体概念中找到最能体现本领域大概念的那一个具体概念，直接选为单元大概念。例如，青岛版小学科学四年级下册《技术与生活》单元概念框架表，如表2-2-7所示。

表2-2-7 《技术与工程》单元概念框架表

领域	主要概念	具体概念	学段目标	单元	课题
技术与工程	18.工程技术的关键是设计，工程是运用科学和技术进行设计、解决实际问题和制造产品的活动	18.2工程的核心是设计	知道工程设计的基本步骤包括明确问题、确定方案、设计制作、改进完善等	四年级下册第七单元《技术与生活》	23.《设计小台灯》24.《制作小台灯》25.《太阳能小台灯》
			针对一个具体的任务，按照设计的基本步骤来设计一个产品或完成指定的任务		
		18.3工程设计需要考虑可利用的条件和制约因素，并不断改进和完善	对自己或他人设计的想法、草图、模型等提出改进建议，并说明理由		
			在制作过程中及完成后进行相应的测试和调整		
	16.人们为了使生产和生活更加便利、快捷、舒适，创造了丰富多彩的人工世界	16.2工程和技术产品改变了人们的生产和生活	举例说出制作技术、运输技术、建筑技术、能源技术、生化技术、通信技术的产品		26.《技术产品与生活》

首先明确这个单元所属领域是技术与工程领域，这个领域的大概念是：运用科学、技术和工程，人类创造了丰富多彩的人工世界，然后从三个具体概念中进行挑选，第一个具体概念"工程的关键是设计"相对来说最能体现领域的大概念，那就将这一具体概念作为这个单元的大概念。

3."优先"选择

当某一个单元对应的课程标准中某个具体概念（分解概念）涉及了同一个领域中的不同内容层级时，要本着"层级优先"的原则，通过分析领域知识结构，优先选择更上位的那个具体概念作为单元大概念。

仍以青岛版小学科学三年级上册《水的三态变化》一经验单元为例，这一个单元同时对应了物质科学领域中的具体概念2.1"水在自然状态下有三种存在状态"以及分解概念6.3"热可以改变物质的状态"中的6.3.2的相应内容，首先要分析领域的知识结构图，物质科学领域中，物质构成了物质世界，物质世界内部始终在运动，物质世界具有能量，通过分析这个知识结构图能发现，更上位的是物质世界具有"能量"，所以就将6.3.2中的具体概念选为了单元大概念，即加热和冷却可以改变某些物质的状态。

以上提炼出的单元大概念，仅属于三种类型中的知识类大概念，这三种提炼方法相对来说也是最简单、最下位的。其实，要想真正地提炼一个单元的大概念是一项高难度、极为艰巨的专业活动，仅靠教师一己之力很难精进。一方面要借助教研组团队的力量众筹智慧；另一方面要借助课程专家和学科专家的力量，持续开展专业化的指导。因为单元大概念提炼过程中，既要关注到同一学习阶段不同领域单元大概念之间的横向联系，也要分析同一领域单元大概念在学习阶段间的纵向衔接。

（四）基于单元大概念梳理单元结构

针对小学科学学科特点，基于单元大概念梳理单元结构要本着"概念+思维"的梳理原则，遵循纵向梳理单元地位、横向梳理单元结构、对比分析不同版本教材、依据技能层级发展思维能力的一般流程进行。具体方法如下。

1.纵向梳理单元地位

前面提到《课程标准（2017）》突出变化之二是基于学习进阶设计课程内容，即细致刻画了18个主要概念发展进阶的路径，研读四大领域科学知识的学段目标，一般来讲，1～2学段目标主要是认识具体事物的外部特征，科学概念发展处于现象、事实水平；3～4学段目标主要是知道性能、作用、分类、条件、原因、规律等，科学概念发展处于共性、规律水平；5～6学段目标主要是了解事物的结构、功能、变化和相互关系等，科学概念发展处于关系、原理水平。理解了这个普适性规律，便于我们更好地基于不同单元大概念间的逻辑关系，以每单元为中心点，纵向梳理出本单元的地位，明确其作用。

以青岛版小学科学四年级下册《水循环》单元为例，纵向梳理出的结果如图2-2-3所示。通过分析可知，学生在本单元学习之前，建构了天气现象、一天中气温变化规律以及水的三态变化等概念（科学概念发展处于现象、事实水平）；本单元是在前期概念建构的基础上，探究天气现象的成因，解释其变化规律及联系，初步建构地球上有大气圈、水圈的科学观念（科学概念发展处于共性、规律水平），为中学深入学习大气圈和水圈，起到承上启下的作用。

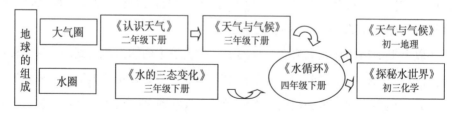

图2-2-3 《水循环》单元纵向梳理内容结构图

基于单元大概念纵向梳理单元地位，最大的价值是有助于教师准确地把握学生相关概念的认知起点，便于教学有的放矢。

2. 横向梳理单元结构

对单元教材进行分析，一个核心的环节是要横向梳理出单元内各教学内容的内在关系，建构单元教学内容的内在关联，在此基础上，整理教学内容结构。教学内容结构一般可分为"总分式""并列式""递进式""综合式"等结构，综合式结构是指单元内容由总分式、并列式、递进式等不同的结构组合而构成的内容结构。教师在梳理单元内容结构时，可根据实际情况进行选择，最终以相应结构图进行呈现。

例如青岛版小学科学二年级上册技术工程领域的《常用工具》单元，通过对单元教材进行分析，发现第一课《组装小书架》重点是单一工具，即螺丝刀的使用，而第二课是在认识并使用螺丝刀的基础上进一步认识锤子、扳手以及壁纸刀等多种工具，并能根据需要选用合适的工具对物品进行简单加工，因此，本单元的结构属于递进式。

再如青岛版小学科学四年级技术工程领域《技术与生活》单元，由四课学习内容组成，其中《设计小台灯》是《制作小台灯》的基础，《制作小台灯》是《设计小台灯》的延伸，这两课间是递进关系，共同组成完成一项工程任务的完整过程；《太阳能小台灯》是在前两课的基础上，对前两课学习成果的巩固、运用与提升，与前两课又是递进关系；《技术产品与生活》的内容是另一个主要概念，通过制作小台灯系列活动深刻理解科技产品给人们生活带来的变化。这个单元的结构就属于综合式，单元结构如图2-2-4所示。

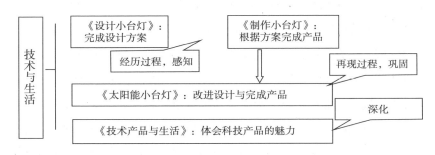

图2-2-4 《技术与工程》单元内容结构图

横向梳理单元结构，最大的意义是便于教师准确把握单元知识结构特征，能遵循知识结构，以结构化的思维，引领学生经历一个完整、有结构的学习过程。

3. 对比分析不同版本的教材

基于国家课程标准，遵循不同的思路，各省开发了很多版本的教材，每个版本都有自己独有的优势，教材分析时，如果能对不同版本进行分析，将有助于教师打开一个全新的思路，优化自己的设计思想。

青岛版小学科学四年级下册《水循环》单元，在横向梳理单元结构之后，比较分析五个版本的教材，通过对比分析，发现青岛版教材在对"水在地球上的循环产生云、雾、雨、雪等天气现象"概念的落实上，只是通过在小水滴的旅行路线图中呈现"云""雾""雨"等情景图来落实，在交流中也没有给予更多的提示、问题的指引和方法的指导，不利于概念的达成。针对上述问题，比较其他版本的教材，发现冀教版科学教材对该概念的达成，给出了明确的问题指引。在冀教版五年级下册《水循环》大单元《地球上的水循环》一课中，讨论环节共设计了两个问题来落实该概念：问题一，水在陆地和海洋之间是怎样循环的？问题二，自然界的水在循环过程中产生了哪些天气现象？基于此，在《小水滴的旅行》一课中，补充"自然界的水在循环过程中产生了哪些天气现象？"的问题活动来促进概念的达成。

4. 依据技能层级，发展思维能力

在基于单元大概念梳理单元结构时，提到了一个原则——概念+思维，概念往往是外显的，思维能力则是内隐的，概念的形成过程中一定要激发思维的产生，要让思维可视化，只有指向思维发展的概念教学才是真概念教学。因此，单元教材分析的最后一项，也是最重量级的一项，即纵向梳理探究能力。

科学探究能力是以若干探究技能为基础形成的，青岛版小学科学教材1～5年级中共涉及25种探究技能。每个年级的每一个单元都不只培养一个探究技能，往往是多个探究技能的组合，因此，在进行单元教材分析时，首先应找到单元教材中主要培养的探究技能，然后从25种探究技能一览表中找到这个单元的探究技能在整个探究技能进阶水平中的层次，通过对单元技能的纵向梳理，便于教师把握本单元探究技能的层次水平，进而由探究技能发展为探究能力，最终发展学生的思维能力。

以青岛版小学科学一年级下册第三单元《常见的材料》为例，通过梳理教材发现本单元最主要的探究技能是观察，然后从"观察"技能一览表中找到本单元观察技能在整个观察技能一览表中的纵向层次水平，如图2-2-5所示。由此，教师把握住下放的观察任务的进阶性要求，学生明确观察任务，然后决定自己该怎样进行观察、重点放在何处、可能会遇到什么困难、如何克服等，这样的观察就不仅是一种技能，而是一种观察能力，一种有思维活动参与、促进学生思维发展的能力。当然，对每一种探究技能，唯有在每一单元中把握住每一技能的层级，长此以往，学生的思维能力真正呈现出进阶式发展。

图2-2-5　观察技能纵向层次水平图

四、单元教材分析保障

为保障单元教材分析的有效进行，全区从设计与实施两个层面进行了保障体系的建构，设计层面主要是开发了单元教材分析的各项框架表、单元教学设计与课时教学质量标准，定期进行全区范围内的单元教学序列化方案评选、课时教学方案评选、教学目标评选、学历案大赛等相关评比活动；实施层面重点通过"同单元目标"异构、同课异构以及开发观课量表进行课堂观察等多种方式，确保单元视域下的教材分析在课堂教学中落地，从而达成课程目标。

第三节　单元视域下课时教学概念解构

本章第一节中已经说明，单元大概念是一个单元中最上位的概念，它引领着本单元学习的价值取向。单元大概念的建构离不开单元下每一课的课时概念建构，只有课时概念建构起来，最终才能实现单元大概念的建构。因为不同的单元指向的领域不同，同一单元下不同课时概念建构的难易程度不同，实际教学中就会出现有些课时概念较易建构，而有些概念难以建构，课时概念的建构直接影响，或者说直接决定着单元概念是否能成功建构。

之所以说有些课时概念难以建构，究其本质，是因为教师对概念的不理解，没有从概念的内涵、外延等诸多方面进行理解，轻者理解的层次浅以致概念建构就处于浅层次，重者理解得不准确导致最终建构出错误的观念，误导学生。下面以青岛版小学科学三年级上册第一单元《植物的"身体"》中《植物的茎》一课概念建构为例，进行简要说明。

一、基于材料反观概念理解

《植物的茎》一课在探究"茎能运输水分、养分"时，教材提示的材料是杨、柳的嫩枝条。实际教学中，我们发现若用杨、柳条做实验，将它们浸在红墨水中，经过一个晚上的时间，杨、柳条最下端切口处只能看到隐隐约约的红色，并不明显，即便将茎切开也几乎观察不到现象；与此同时杨、柳条太硬，切起来费劲，尤其是纵切更困难，稍不留神就会切到手，更何况是小学生，其难度可想而知。

针对这一现状，在教这一课时教师纷纷寻找新的材料以取代书中提示的杨、柳条。可就在这时，我发现了一个问题，那就是大家对茎的概念非常模糊，以致在教学中出现了错误的引导。下面撷取两个片段：

片段一：有位教师在教《植物的"血管"》一课中，出示了芹菜、大白菜、小菠菜、马蹄莲、冬青、树枝等材料，让学生从中选择最喜欢的植物分小组进行研究，然后交流观察结果。具体交流如下：

生1：我发现芹菜的茎和叶子都变红了。

生2：马蹄莲的叶脉变红了。

生3：大白菜的叶子变红了，小菠菜的叶子也变红了。

师：这些现象说明了什么？

生：这些现象说明了茎确实能运输水分，把红色的水都运输到叶子上去了。

……

师：哪个小组先来交流一下你们的实验过程？

小组1：我们小组解剖的是芹菜的茎，我们先把芹菜的茎横切，发现横切面上有一圈小红点，我们认为每一个小红点就是芹菜茎里的一根小管子，所以我们又对准一个小红点把芹菜的茎纵切，结果发现一条红色的小管子。所以我们小组认为在芹菜的茎里有很多的小管子，就是这些小管子把水分运输到了叶子上。

……

小组3：我们小组把大白菜的茎用手撕开，发现了一条条的红丝，我们觉得这些小红丝就像人的血管一样把水分运输到了叶子上。

师：看来同学们的猜想非常正确，你们真了不起！在植物的茎里确实有很多的导管，就是这些导管把水分、养分运输到了植物的各部分。

片段二：一位优秀农村科学教师在全省经验交流中说："如《茎的作用》一课，教材上用来做实验的材料是杨、柳的嫩枝条。实验中我发现现象不太明显，而且需要的时间过长。为此，我前前后后找了几十种植物进行试验，最后发现大葱下部浸在装有红水的瓶子里，不一会儿，将葱白横切、纵切开，就能清晰地显示出茎的输送作用……"

以上两个片段传递出了两方面的信息：一是教师都能以教材为例子，寻找适切的材料引领学生探究实践，以期有科学的发现、得出正确的结论；二是教师对茎这一概念理解得不到位，还处于只要现象明显就算理解了概念的"伪"科学学习中。

二、基于概念本身还原正确认知

（一）明晰茎的概念

何为茎？教过自然、科学的教师应该都知道，茎，即叶和根之间的部分，茎上有节，节上能长叶和芽。上述两个片段中，为做茎运输水分的实验，教师准备的材料有芹菜、大白菜、小菠菜、马蹄莲、冬青、大葱等。我也曾用芹菜、大白菜、大葱来做这个实验，发现实验现象确实非常明显，实验所需的时间也不太长。可不知大家有没有认真地思考过，这些效果明显的材料，它们都是茎吗？如果它们符合茎的特征，那再好不过，毕竟找到实验现象明显的材料对科学课上的概念建构能起到关键性的作用。但如果它们不符合茎的特征，那即使现象再明显，对建构概念也没什么作用。

（二）正确辨别茎

以大家熟知的大葱为例，通过百度百科可知：大葱是以叶鞘和叶片供食用。叶片管状，中空，绿色，先端尖，叶鞘圆筒状，抱合成为假茎，色白，通称葱白。而茎短缩为盘状，茎盘周围密生弦线状根。由此我们知道平时我们认为的大葱的茎，即葱白部分根本不是茎，而是大葱的叶鞘。

对于芹菜，查找概念可知，平日食用的部分并不是我们常认为的茎，而是叶柄；大白菜，平常吃的是它的叶子，叶子下半部分白色的平日俗称菜帮的部分是白菜的叶柄，而叶柄最下面短缩为盘状的部分才是茎；还有小菠菜，平日吃的菠菜叶下面的部分是叶柄，也不是茎……

三、基于正确认知进行概念建构

（一）研讨反思

当还原了概念本身正确的认知后，重新审视上述两位老师的处理，是否妥当？当把这个问题拿出来与各位同仁共同探讨、交流时，出现了"一边倒"的观点。有教师说，小学科学课根本没有必要咬文嚼字，之所以选择白菜、芹菜、葱等作为实验材料让学生观察，是因为这些材料取之经济、方便，效果又很明显，学生能明确观察到茎内有很多运输水分的管子，从而真切感受到茎能运输水分，这一课重点难点突破就可以了，不必斤斤计较；有教师说，若要如此严格，科学课就没法上，小学科学课不用太过正规，处处都严格要求对科学教师也太过苛刻了；还有的教师说，白菜、芹菜、菠菜、大葱等材料，虽然我们带领学生观察的不是它们的茎，但是我们可以通过学生对叶子的观察，从而类推到茎中也是如此。这样做，怎么不可以呢？

（二）冷静思考

针对大家的讨论我总在想，探究活动中究竟为什么要为学生准备实验材料，如果只是"借用"，那学生概念建构时依然会处于半信半疑的状态，还是没有一个真正的证据来证明事实如此、结论如此，那么辛辛苦苦地探究意义何在？白菜、菠菜、芹菜等实验效果如此明显，上完这一课，相信给学生留下的印象也是非常深刻的，那么学生在小学阶段就知道我们观察的芹菜、白菜、葱等部分是茎，直到长大他们也会这样认为，学生前认知中根深蒂固地留下错误的认知，岂不是很麻烦。

（三）寻找对策

探讨之余，静下心来想想，我认为上述两个片段中选择的材料是否恰切，也与课题的确定有关，即与课时要建构的概念有关。如果这一课的课题是第一个片段中的《植物的"血管"》，课中要建构的概念就是植物利用身体各部分的"血管"输送水分和养料，那么这些材料完全可以使用。但一定要在准备的材料中有真正的茎，学生在观察现象并交流时，教师一定要点出哪些是植物的茎、哪些是植物的叶子，观察、实验后资源共享进而总结出茎内有"血管"，叶子中也有"血管"，就是这些"血管"负责运输水分以及溶解水中的无机盐，这些"血管"正如亲眼看到的这样。如果这节课的课题是《植物的茎》，那么课时要建构的概念就是真正的茎通过导管与筛管运输水分与养料，此时上述的那些材料就很不合适，需要找到真正的茎来引领学生观察。其实，富贵竹、百合、辣椒等植物对我们这个地区来说很常见，也易于取材，更容易找到它们真正的茎，易于横向、纵向解剖，实验现象非常明显，更为关键的是科学合规范，避免不必要的争论、麻烦，何乐而不为？

第三章　单元视域下小学科学概念引入策略

学生科学概念的形成不是一蹴而就的，而是需要经历具体到抽象、抽象到具体的多维深度转变。无论经历多少转变，从某一个角度来看，一定需要经历"概念引入—概念形成—概念巩固内化—概念迁移应用"的历程，其中概念引入是首要前提。学生每时每刻都处于"纷繁杂乱"的生活情境中，当面对某一个概念的学习时，教师需要创设与这个概念相关的真实的生活情境，只有把学生引入"特定情境"中才能有利于唤醒学生的前科学概念，有利于激起学生的认知冲突，有利于激发学生急于解决问题的冲动，如此，就实现了概念引入的"使命"。本章主要包含单元真实情境创设策略与单元视域下概念引入策略两方面内容。

第一节　单元真实情境创设策略

《课程标准（2022）》较之《课程标准（2017）》，有了许多新的变化，最突出的变化一是指向核心素养，强化了1～9年级整体设计，强调核心概念，具有更强的综合性和实践性；二是新增了核心素养的描述及学段目标、学科核心概念与跨学科概念、学科核心概念的学业要求和教学提示、学业质量标准、教学研究与培训建议等内容。

在诸多变化中，聚焦教学提示，尤其是其中的教学策略建议，《课程标准课例式解读》一书中这样描述："教学策略建议是给教师的建议，主要用于帮助教师理解学科核心概念和进行教学设计……教学策略和学习活动建议是课程标准内容的重要组成部分，是教材编写的重要参考，也是教师课堂教学设计的重要参考。如何充分理解并使用好教学策略？我认为唯有充分研读、准确把握其内涵，才能实现基于课程标准的核心概念教学设计与实施。"

一、研读"教学策略建议"，准确把握其内涵

（一）梳理"教学策略建议"，整体把握要求

课程标准共设置13个学科核心概念，每一个学科核心概念都包含内容要求、学业要求、教学提示（教学策略建议和学习活动建议）三大具体内容。研读每一个核心概念的教学提示或教学策略建议（以下统称教学策略建议），将其帽段中的内容进行梳理，如表3-1-1所示。

表3-1-1 教学策略建议帽段内容（部分）

序号	学科核心概念	教学策略建议
（1）	物质的结构与性质	教师要创设真实的问题情境，引导学生通过观察与实验、建构模型、分类以及融入科技史等方法进行学习，使学生……
（2）	物质的变化与化学反应	教师要注意引导学生感受物质变化与化学变化的真实存在，结合具体物质性质的学习认识物质变化与化学反应……
（3）	物质的运动与相互作用	教学中，教师要在系列探究活动中灵活运用各种方法，加强学生的体验。要让学生观察和分析日常生活中的各种运动情境……
（4）	能的转化与能量守恒	教师要创设情境让学生认识能的各种形式，理解能的转化和转移的各种方式，根据能的转化和能量守恒的规律……
（5）	生命系统的构成层次	教师要创设情境或利用真实情境，引导学生在科学观察中获取直接经验，在建构生物模型中完善对生物体结构层次的认知……
（6）	生物体的稳态与调节	教师要结合学生的生活体验，创设真实的生产生活情境，开展科学实验，并充分利用相关的科学史和科学技术新进展，引导学生……
（7）	生物与环节的相互关系	教师要创设真实的生活情境，引导学生开展科学调查，在科学调查中体验合作学习，理解生物与环境的相互影响、相互作用……
（8）	生命的延续与进化	教师要充分利用学生种植植物、饲养动物的亲身经历，结合虚拟情境……创设真实情境，或者利用信息技术创设虚拟情境，让学生……
（9）	宇宙中的地球	教师要引导学生从观察身边的现象开始，通过实地观测、模拟实验和模型制作等方式，获得直接经验和数据，帮助学生认识……
（10）	地球系统	教师要创设或运用真实情境，引导学生学会使用工具和仪器，通过观察、测量、记录、动手制作等方法进行学习，帮助学生认识……

续表

序号	学科核心概念	教学策略建议
（11）	人类活动与环境	教师要结合实际，指导学生收集资料和查阅文献……创设真实情境，让学生通过亲身参与、实地调查等方法……
（12）	技术、工程与社会	教师要创设真实问题情境，通过学生的体验、操作和制作，引导学生在解决问题的过程中感受技术与工程的基本特点，体会……
（13）	工程设计与物化	教师要创设真实问题情境，引导学生在解决问题的过程中感受处理工程问题的规范性、解决方案的多样性……

纵横研读梳理后的内容，能清晰地捕捉到以下关键信息。

横向看：从行为主义心理学视角可知，每一个核心概念教学策略建议的表达结构都一致，即都含有行为主体、行为条件、行为表现以及表现程度四个要素，四个要素共同刻画了教师对每一个核心概念教学行为的具体形象。以第一个核心概念为例，其教学策略建议具体表达结构如图3-1-1所示。

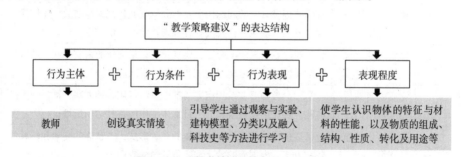

图3-1-1 "教学策略建议"的表达结构

纵向看：13个核心概念，虽然涵盖了物质科学、生命科学、地球与宇宙科学、技术与工程四大领域，但聚焦教师概念教学行为中的行为条件，能发现有8个行为条件直接指出要"创设真实情境"；（2）（3）（8）（9）（11）5个行为条件，虽然没有直接指出创设真实情境，但是（11）中对帽段解读的第1小条就是"创设真实情境"，（2）中的"真实存在"、（3）中的"日常生活中的各种运动情境"、（8）中的"亲身经历"、（9）中的"身边现象"，都间接地指出要创设真实情境，否则离开了真实情境怎么能感受到真实存在？怎么能亲身经历？又怎么能观察到身边的现象？

行为条件，指的是教师怎么教，描述的是影响教师教学结果的特定条件或范围。通过上述分析，13个行为条件都直接或间接指出"创设真实情境"，让教师强烈感受到教学策略建议所要传达出的核心信息，使教师从整体上明确理解学科核心概念，从而进行教学设计，"创设真实情境"是教师概念教学行为的一个重要前提，更是一个必要的行为条件。

（二）具体分析"教学策略建议"，深刻理解内涵

教学策略建议，简单说就是教师进行概念教学的教学行为。每一个核心概念，因其所处的领域以及各自内涵不同，其教学行为表现及表现程度就各不相同，分析每一个核心概念的行为表现及表现程度，有助于教师准确理解核心概念并采取适切的教学行为。下面以第四个核心概念的教学策略建议为例，进行具体分析。

1. 从"四要素"出发，理清"教学策略建议"的表达结构

首先，从课程标准第四个核心概念，找到教学策略建议内容，并进行提取，如表3-1-2所示。

表3-1-2　第四个核心概念的教学策略建议

序号	学科核心概念	教学策略建议
四	能的转化与 能量守恒	教师要创设情境让学生认识能的各种形式，理解能的转化和转移的各种方式，根据能的转化和能量守恒的规律，分析、解释和判断生产生活中的相关问题。 （1）基于学生已有经验设计探究活动…… （2）利用各种常见的运动情境，让学生体会能的各种形式及转化…… （3）用比值定义的方法帮助学生理解比热容概念…… （4）要重视生产生活中能的转化的应用问题……

其次，聚焦教学策略建议的帽段，理出其表达结构，具体内容如图3-1-2所示。

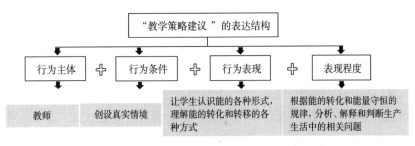

图3-1-2　第四个核心概念"教学策略建议"的表达结构

2. 分析"行为表现"及"表现程度"，明晰"教学策略建议"的本质

行为表现，指的是教师教什么，描述的是教师达到本核心概念教学结果所表现出的具体、可观察的行为。从上述表达结构中可知，教师要完成这个核心概念的教学，要表现出的具体、可观察行为是"让学生认识能的各种形式，让学生理解能的转化和转移的各种方式"。怎样让学生认识？怎样让学生理解？课标中对教学策略建议帽段解读的第1条表述，如表3-1-3所示。

表3-1-3　教学策略建议帽段解读第1条表述

序号	学科核心概念	教学策略建议	
		帽段	解读
四	能的转化与能量守恒	教师要创设情境让学生认识能的各种形式，理解能的转化和转移的各种方式，根据能的转化和能量守恒的规律，分析、解释和判断生产生活中的相关问题。	（1）基于学生已有经验设计探究活动。小学中高年级，设计热胀冷缩、热的传递方式等探究活动。活动中要启发学生思考：按照什么思维方法（分析、综合、归纳、概括等），用什么探究方法（观察、实验、查阅、调查等），用什么实验器材（实物、仪器、代用品等），按怎样的程序进行探究，主要获得什么信息等，帮助学生学会独立探究，发展思维能力。

解读中描述了教师怎样让学生认识、理解的具体行为表现，即基于学生已有经验小学中高年级设计热胀冷缩、热的传递方式等探究活动；同时通过"让学生认识，让学生理解，帮助学生学会独立探究，发展思维能力"可知，教师概念教学行为本质上促进的是学生的学习行为发生，学生是学习的主体。基于此，教师在设计教学活动时一定要基于学生的立场，基于学生的认知。

行为表现程度，指的是教到什么程度，是用以衡量教师的概念教学表现或概念教学结果所达到的程度。既然教师的教学行为最终实现的是学生的学习行为，那么进行"能的转化与能量守恒"核心概念教学时，教师教学行为表现程度，应让学生达到的最低表现标准是能够根据能的转化和能量守恒的规律，分析、解释和判断生产生活中的相关问题。

3. 分析学生学习行为动词，进一步理清"教学策略建议"内涵

纵观学生学习行为，找到学习行为中的动词，分别是认识、理解、分析、解释、判断，将其与《课程标准（2022）》行为动词表进行匹配，可知5个行为动词全属于认知性目标动词类型；将动词与行为水平进行匹配，"认识"属于一

级水平，"理解、解释"属于二级水平，"分析、判断"属于三级水平。为更好地理解三级行为水平，将5个行为动词与安德森完善后的认知领域6个层次进行匹配，如表3-1-4所示。

表3-1-4　行为动词与认知领域6个层次匹配结果

教师教学行为	学生学习行为	动词类型	行为水平	认知领域层次
行为表现	认识能的各种形式	认知性目标	一级水平	识记
	理解能的转化和转移的各种方式		二级水平	理解
表现程度	根据能的转化和能量守恒的规律，分析、解释和判断生产生活中的相关问题		二级水平 三级水平	分析 理解 评价

　　安德森认知领域6个层次，直接关注的是思维层次，提出识记、理解、应用属于低阶思维层次，分析、评价、创造属于高阶思维层次。通过分析可知，学生要实现理解、分析、评价的认知领域层次，需要"根据能的转化和能量守恒的规律"，这里既有将所学的零碎知识整合为知识系统的应用，又包含在分析、解释与判断生产生活中相关问题过程中的创造。因此，《能量的转化与能量守恒》这一核心概念建构中，既有低阶思维的识记、理解与应用，又有高阶思维层级的分析、评价与创造。通过研读《课程标准（2022）》可知，这一核心概念的建构中，学生高阶思维能力的形成并不能仅仅依靠哪一个学段，也不能一蹴而就，而是需要学生在3~4、5~6、7~9三个学段中经历从低级到高级的循序渐进、螺旋上升过程。整个核心概念建构过程中，这6个认知层次是逐渐深化、环环相扣，既是衡量知识掌握程度的评价标准，更是引领学生由低阶思维不断向高阶思维发展的对照标准，符合素养发展的内在机制。

　　综上所述，将教师概念教学行为四要素组在一起能明确，教学策略建议直指核心概念，其本质是：教师通过创设真实情境，促使学生的认知思维由低阶向高阶发展，最终创造性地解决生活中的真实问题。当然，要促使学生科学认知发展，不能只针对"建议"解读"建议"，而要把教学策略建议放置在整个核心概念的视域去考虑，打通内容要求、学业要求、教学策略建议与学习活动建议的壁垒，相互对照、相互匹配、成体系地进行解读，才能确保学生进入课程，使课程内容变为学生主动学习的活动。

二、正确理解"真实情境"内涵，把握概念教学的落脚点

（一）读懂"核心素养导向"的本质

核心素养导向是本次课程标准修订的主要方向，也是课标文本的主旋律，可谓位居课程标准四大突出变化之首。

什么是核心素养？通常情况下核心素养被界定为"个人在特定的情境下能成功地满足情境的复杂要求与挑战，并能顺利地执行生活任务的内在先决条件"，也就意味着它是在特定情境的应对中形成的。什么是核心素养导向？柳夕浪在《课程改革的核心素养导向意味着什么》一文中指出，核心素养导向是立德树人根本任务的具体化表达。核心素养导向强调的是不同生活领域、不同情境中不可或缺的共同底线要求、关键要素，关注的是个人与情境的互动过程。OECD（经济合作与发展组织）经过近六年的研究发现，在教育教学中如果没有给孩子创设适合的情境，没有在情境中安排适合的任务，没有在任务中赋予孩子真正的角色，没有在角色扮演中让每一个孩子经历完整而复杂的问题解决过程的话，核心素养是难以达成的。

也就是说，核心导向的教学就是引导学生在不确定性情境中定义问题和任务，并尝试分析解决问题，完成任务。如果说核心素养是育人目标，那么真实情境就是其任务载体。作为学生，只有具备在真实情境中解决复杂问题的品格与能力，才能算得上具备核心素养。

（二）厘清"真实情境"的内涵

上述分析可知，上至核心素养落地的载体，下至课程标准中教学策略建议的本质，创设真实情境可谓首要前提。作为教师，在创设真实情境前，首要任务是明晰"真实情境"的内涵。

1. 从情境本质的角度看

真实情境包含两方面含义：一是真实属性，这是当下大多数学者比较关注的真实情境的本质特征。所谓真实属性，虽然不同学者将其划分为不同的类型，如图片情境、探究情境、实物情境等，对其"真实"的定位各持己见，如"真

实""似真""仿真"抑或是其他，但综合起来看，相对主流的表述是：真实情境首先意味着贴合现实生活，与学生的日常活动相联系，非刻意雕琢。二是意义属性，这是较之真实属性，更值得学者关注并深度解读的内涵。所谓意义属性，是指情境与日常生活、社会现实等直接相关联，有待学习者探索、体验、领悟的东西。这里的意义不是囿于学习教科书中的文字内容，也不是反复求解教科书中习题等已成定局的"实有"，而是需要学习者不断探寻、主动建构学科核心知识技能、思想方法以及跨学科概念，超越常识世界图景的"应有"。简单说，即有实在的意义，让学生明确学习有用。

2. 从情境功能的角度看

核心素养最简洁的表现是学生能学以致用，真实情境作为其任务载体，从功能的角度看，包含两方面含义：一是能够迁移应用，这是真实情境最基础的内涵，概念的建构最终的目的是使学生能够迁移应用，概念建构后，在概念应用环节创设类似的真实情境，学习者从问题场景中读取明确提供的信息，从而激活预先创建的知识结构，引领或检验学生迁移应用能力，以检验学生对概念是否理解。二是能够创造性解决问题，具体指在新情境下，学习者通常没有与问题信息相一致的先入为主的知识结构，需要创造一个新的知识结构来理解新的信息，激发学生重组思维或重组问题场景的能力，使其更容易解决。简单说，即在新情境下能应用所学去解决新问题，而且是有意义的。布鲁姆认知领域6个层次中，类似情境中的"应用"只是低阶思维，而在"新"情境中能够创造性地解决问题，才算得上高阶思维得以培养与发展，才是真正体现学生素养水平的表现。

综上所述，真实情境即真实性情境，是指要基于学生生活中真真切切、实实在在发生的，可谓与学生生活密切相关联的真实的情境，能使学生明确学习的真正意义与价值，乐于学习，急于学习，所学所得能应用于类似的情境，并且能在新的情境中创造性地解决问题，而且解决的问题有意义。

三、明晰情境创设原则，探寻单元真实情境创设的策略

在核心素养时代，情境创设已不同于以往的情境导入，而是从传统的某一个教学环节走向了整体的、综合化的驱动性任务设计。因为单元真实情境需要

教师具备全局眼光，以单元而非课时的形式创设真实情境贯穿整个单元教学过程，并设计驱动性任务驱动学生解决真实问题，目前小学科学学科各个单元还没有现成的贯穿整个单元的真实情境，需要教师结合单元所属领域的特点、承载核心概念的不同、师生生活经验以及学生兴趣点的不同而主动思考、自主挖掘。实践中，单元真实情境创设主要有自上而下和自下而上两种途径。

（一）"自上而下"创设单元真实情境的策略

《课程标准（2017）》共凝练出13个学科核心概念，形成科学课程的主要内容。为更好地理解学科核心概念，每一概念下均有学习内容、内容要求以及学习提示三项内容。通过深入思考会发现，每一学习内容或内容要求都是自带情境的，这个情境不仅有科学家或者学者是如何创生学科知识的，还有他们创生这个学科知识的学术意义和生活意义，以及其他科学家或者学者又是如何理解特定学科知识的。因此，自上而下是指按照教育教学目标的逻辑，以国家颁布的学科课程标准为依据，通过对13个核心概念下每一学习内容或内容要求进行要素化分解，梳理出内涵与外延，结合学业质量标准的要求，还原或者提炼出其发明或发现的情境，有助于学生对概念进行深度理解。

以青岛版小学科学五年级下册第一单元《人体感知环境》为例，单元对应课程标准中的内容要求是：举例说出人体对某些环境刺激的反应方式和作用，列举保护相关器官的方法，运用要素分解法对其中的核心概念"人体对某些环境刺激的反应方式和作用"进行分解可知，其内涵是光、声对眼、耳的刺激，其中视、听觉的形成是正常的反应方式，而强光、强声的刺激会让眼耳做出异常的反应方式，所做出的反应方式就是在保护自己。对接学业质量标准要求"能在日常生活情境中……能在熟悉的日常生活环境的情境中……在好奇心的驱使下……"与学生感兴趣的真实"事件"进行对接，进而创设单元真实情境：我们学校三年级三班在开学的视听力检测中，发现王某某视听能力下降，经调查了解，该学生暑假期间无人监管，长时间沉迷于网络游戏，从而导致其视听能力下降。为什么长时间玩网络游戏会对我们的感觉器官造成伤害？我们又应该如何保护我们的感觉器官？

（二）"自下而上"创设单元真实情境的策略

自下而上，是指根据单元教学内容，通过对单元、课时内容的深入分析和挖掘，从基于学科本质理解的角度挖掘真实情境创设的切入点。实践中，具体可从学科育人价值的实现、单元内容结构分析、时事热点融入、多版本教材对比、单元与课时形成结构化情境等诸多方面入手，创设单元真实情境。

1. 从单元内容结构分析入手

单元教学需要学科教师对学科知识有系统的理解和完整的把握，不能只看到零散的知识点，而要看到学科知识的前因后果，看到学科知识的纵横关联，通过分析其逻辑关系找到单元情境创设的突破点。从单元内容结构分析入手，可谓是自下而上创设单元真实情境的首要前提。

以青岛版小学科学五年级上册第六单元《密切联系的生物界》为例，首先依据教材内容，梳理出单元内容结构，如图3-1-3所示。

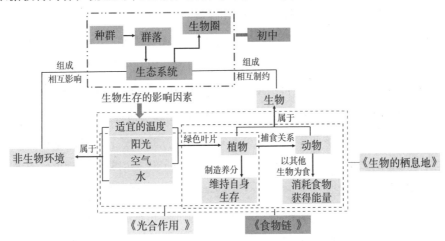

图3-1-3 《密切联系的生物界》单元内容结构图

其次，纵横分析单元内容结构关系。纵向看，本单元主要是引导学生知道生态系统由生物和非生物环境组成，从属于生命系统结构层次中的生态系统；横向看，本单元包含三课，无论是植物生存需要的《光合作用》，还是动植物之间存在的《食物链》这一食物关系，都需要有适宜生物生存的栖息地，因此将栖息地作为本单元真实情境创设的切入点。接下来寻找贴合学生生活实际的素材，学校"固根楼"一楼的一角，建有一鱼池，由于常年见不着阳光，再加上维护不当，鱼池中的生物很难长期生存，学校正在考虑要为鱼池选址重建，找到了这一贴合学生生活实际的素材，由此创设本单元真实情境为：同学们，可能大家都已经发现了，学校"固根楼"鱼池中的鱼很难长期生存下来，学校正在考虑为鱼池重新选址，并进行改造，现在面向四、五年级同学发出"鱼池选址改造"征集令，要求在减少人工喂养的前提下，尽可能保证鱼池中的生物长期生存，请亮出你的金点子，并以理服人。

这样的真实情境源自学生身边，学生也能感受到问题解决的迫切性。"以理服人"就得按照栖息地环境用科学的方法进行规划，一旦学校新的鱼池打造成功，并目睹栖息地中生态系统的平衡，会彻底激起学生于真实情境中解决问题的自豪感及强烈的"解决"欲。

2. 从学科育人价值实现入手

真实情境是学科知识通往学科育人的载体，创设真实情境，终极目标是使学生能在创造性解决生活真实问题的过程中，实现学科育人价值。如果能基于生活中需要解决但还未解决的问题创设真实情境，以此引领学生经历解决问题的过程，势必能将学科育人价值最大化。实践中，可通过分析单元内容结构，与生活中急需解决的问题进行对接，进而创设单元真实情境。

以青岛版小学科学四年级上册第五单元《声音的秘密》为例，本单元共三节课，《声音的产生》《声音的传播》《声音的变化》均要引领学生理解"声音与振动的关系"这一概念，如何引领学生把关注点由听得见的声音转移到"看得见的声音"成了本单元的关键所在。生活中的听障儿童渴望声音世界，如果能带着设身处地帮助听障儿童感受"有声的世界"这样的使命创设真实情境，那问题的解决会变得更有意义。于是，创设的单元真实情境为：一年一度的科技节马上要召开了，本次科技节计划为听障儿童开辟"无声胜有声"的专项展区。如果聘任你为该展区的首席设计师，你打算如何规划该展区的体验活动，让听障儿童能够"看到"声音世界的美好。

这样的真实情境，既能实现与现实生活的连接，更能发挥出超过知识本身的学科育人价值，打造听障儿童的声音世界，让教学和生活真正融为一体，把

"立德树人"贯穿于科学教育的始终。

3. 从时事热点融入入手

科学来源于生活，又服务于生活，社会上发生的时事、热点很多，如果能从中甄别筛选出与单元概念有紧密关联的事件来创设单元情境，让学生直面社会事件，参与时事热点的问题解决，那么就能将真实情境的价值发挥到最优。

以青岛版小学科学四年级上册第七单元《技术与生活》为例，四课内容分别是《设计小台灯》《制作小台灯》《太阳能小台灯》《技术产品与生活》，四课共同组成一项工程任务的完整过程，并对制作小台灯系列活动深刻剖析，上升至科技产品给人们生活带来的变化，即本单元需要帮助学生形成的科学观念。

如何能让学生在形成科学观念的同时，感受到有用甚至有价值？恰逢当时河南省遇到前所未有的洪涝灾害，于是依据时事热点创设的单元真实情境为：2021年7月，河南新乡遭遇了特大暴雨，导致新乡市凤泉、牧野以及红旗等多地区发生了大面积停电，为当地学生学习带来极大不便。请你制作一个便于移动应急照明的小台灯，帮助受灾学生应对突如其来的恶劣天气，尽我们一份微薄之力。

将学生置身于这样的真实情境中去解决问题，引起学生情感共鸣的同时感受到解决问题的重要性，逐步增强学生的社会责任担当，无形中渗透了一方有难八方支援的大同之心。

4. 从多版本教材对比分析入手

在《课程标准（2017）》课程性质及理念的引领下，虽然不同版本教材呈现出了不同的框架及编写特色，但是都能为其他版本教材提供可借鉴可参考的有利价值。在确立本单元的大概念后，可通过对比分析不同版本教材中的情境素材，并与大概念进行对接，从中借鉴或提炼或整合成本单元的真实情境。

以青岛版小学科学五年级下册第二单元《脑和心》为例，首先通过对课标、教材进行分析，确立了本单元的大概念为：人体由多个系统组成，各系统分工配合，共同维持生命活动；为了创设更有意义价值的单元真实情境，找到教科版、苏教版以及冀教版等版本教材，根据相应单元页和单元内容初步提炼了各版本的情境素材，如表3-1-5所示。

表3-1-5　各版本教材情境素材一览表

教材版本	相应单元名称	情境素材
教科版	《健康生活》	以观察体质检测中各项指标的变化入手，通过认识运动系统、血液循环系统以及神经系统的功能和作用，引导学生制订健康生活计划，以良好的生活习惯维持人体健康的稳态。
苏教版	《人体"司令部"》	通过上课、过马路、被闹钟叫醒等习以为常的生活情境，认识对环境刺激的反应方式；通过抗洪救灾中各部门分工合作，类比神经系统对环境刺激做出反应的过程。
冀教版	《奇妙的人体》	用建筑物类比人体，认识人体由消化、呼吸及血液循环等多个系统组成，并了解不同系统的结构与功能，进而认识到人体通过一定的调节机制保持稳态，平稳度过青春期。

　　对比分析以上版本的情境素材，并与单元大概念进行对接，发现教科版的情境素材更适合借鉴，由此确定了本单元的真实情境：体质，指的是人体的质量，是人体健康状况和对外界的适应能力。为了提升同学们参与运动的意识，养成积极、活跃的健康生活方式，学校每年都会组织进行体质检测，对比肺活量、心率、50米跑用时等指标，会发现有些指标是比较稳定的，但是有些指标变化很大，请根据自己的体质检测档案，分析、评判健康状况，制定一份合理的"青春成长手册"。

　　在这样的情境中，学生要想制定一份合理的"青春成长手册"，需要了解指标对应的神经系统及血液循环系统的结构、功能，以及对环境刺激的反应方式和作用，进而实现单元大概念。

　　5. 从单元与课时建立结构化情境入手

　　单元真实情境，如果仅仅在单元的起始课中出现，违背了贯穿整个单元学习的初衷，在创设了单元真实情境后，需要将单元情境与各课时情境之间建立结构化的情境关联，才能实现学生在经历一个完整的真实情境过程中，解决问题，便于在新的问题情境中进行迁移。

　　以青岛版三年级上册《仪器与制作》自然单元为例，这一单元包括《量筒》《天平》《沙漏》三节课，整个单元的大概念是通过对常见工具的使用，意识到工具是技术的一种物化形态，是人力量的一种延伸。基于单元大概念，结合学生的生活实际，创设的单元真实情境，在此基础上，结构化地创设每一节课的课时真实情境，进而形成了单元结构化情境，如表3-1-6所示。

表3-1-6 《仪器与制作》单元结构化情境

单元/课时		具体情境内容
单元 真实情境 （起始课）		古语云："国以民为本，民以食为天。"中国饮食文化博大精深，源远流长，山东饮食文化更是独具特色，有着深厚的文化底蕴。山东大部分地区民众饮食以面食为主，这其中的胶东大馒头，又名"大饽饽"，盛行于山东的胶东半岛。在威海，过年最有年味的莫过于吃那白白胖胖的大饽饽。过大年，蒸饽饽，期盼来年的日子蒸蒸日上、红红火火。如果有人说"不就是几个大馒头嘛！"那可就差矣了。因为那喷喷香散发着质朴民俗文化气息的大饽饽，其实已经成为胶东地区无比珍贵的非物质文化遗产。那么，怎样蒸出松软的胶东大馒头呢？
课时 情境	《量筒》	做胶东大馒头需要220毫升水来和面，怎样用量筒准确测量出这些水呢？
	《天平》	为了让胶东大馒头更松软，在和面时通常要加鸡蛋，今天老师带来了10枚鸡蛋，但是只有"鸡蛋之王"才能参与大馒头的制作，怎样使用天平准确测量出鸡蛋之王？
	《沙漏》	将胶东大馒头蒸熟大概需要20分钟，怎样制作一个沙漏来计时？
单元 真实情境 （结束课）		万事俱备，只欠东风，制作馒头的所有材料都已准备完毕，胶东大馒头到底是怎么制作出来的呢？面团大小和内部发生了什么变化？酵母的作用又是什么？

由此单元与课时结构化的真实情境，能让学生经历完整的解决问题的过程，在完成如何蒸出松软的胶东大馒头任务中，学会了工具的规范使用方法，体会到使用工具可以更加精确、便利和快捷，意识到工具是物化的技术，更为关键的是在地域文化的感受过程中，增强了地域自豪感，高效地达成了本单元目标。

第二节 单元视域下概念引入策略

奥苏伯尔的概念学习理论认为，要判断一个人的学习是有意义的还是机械的，就需要理解新的符号或者符号所表达的观念和学习者的认知结构固有观念之间的关系。也就是说，学生在学习新概念时，并不是从零开始，他们会利用已具备的生活经验对事情做出判断、解释等反应。学生在过去的生活、学习中所获取的各种信息就是前概念，前概念会赋予学生一些感性经验，只有当学生认识到自己的前概念与新认知之间产生了不平衡，学生才会产生添加、删除、完善、修正前概念的动机。由此，在概念引入阶段最关键的是要激活学生的前概念，进而推动学生建构新概念。

一、暴露前概念的策略

前概念，既然是学生已有的、潜在的概念，那它一定是与学生的生活经验密不可分，那么这个前概念就一定会有正确与错误之别。对于某一个要建构的概念，如果学生前概念是"正确"的，会有两种情况：一种情况是非常正确，近乎完美，但是只是知道而不理解；另一种情况是部分正确，不够全面，需要完善。无论是哪种"正确"，只要学生具有了"正确"的前概念，就会对概念的构建起到促进作用，利于知识的正迁移。如果面对一个要建构的概念，学生具有了错误的前认知，那么这个"错误"一定是根深蒂固的，因为毕竟是多年的经验累积而成。这时的"错误"也会有两种情况：一种情况是这个错误隐藏性极强，不会主动暴露出来，容易被忽略；另一种情况是即使暴露出来了，也很难纠偏，而一旦纠正了，对学生来说是终身受益。

由以上可知，无论学生具备正确还是错误的前概念，建构一个概念前，首要的任务一定是想办法将其充分地暴露，只有暴露出来，教师才能采取相应策略，引领学生建构概念，实现"知己知彼，百战不殆"。经过不断地实践，发现暴露学生前概念通常可采用追问式暴露、画图式显露以及实验中呈现等多种方法。

（一）追问式暴露

追问是指在单元或者是课时的开始，在一定的生活情境中，教师通过不断地提问来激活学生头脑中的前概念，将学生的前认知进行外显，便于教师了解学生的真实认知，以有的放矢地选择教学策略。追问的明显特征通常有"是什么""为什么""怎么样"，即引领着学生从事物的现象逐渐关注到本质。追问式暴露学生前概念时需要注意以下几点。

1. 要对追问的问题进行结构性设计。追问，最主要的是向学生抛出问题，凭借学生对问题的回答来探知学生的内心，要想让学生的前概念充分地暴露，就需要对问题进行结构性设计，让问题具有层阶性、结构性，使学生在不经意间将隐藏在深处的认知逐渐暴露。

2. 教师应善于追问。追问是指对某一观点的进一步探寻，关键不在于"问"，而在于"追"，要通过分析单元内容抓住每个单元学习的切入点，从切入点入手进行追问；要善于从学生的回答中捕捉到关键点、要害点，继续"追"，一直追到本源，学生充分暴露出"正确"或"错误"的本相，对教师的教学决策有非常重要的作用。

3. 教师要注意营造氛围。追问是探寻学生心底的声音，在追问的过程中教师需要营造一种真实的情境氛围，让学生在不经意间对已有认知进行充分外显，在追问的过程中教师一定要善于倾听，切勿以自己的主观判断着急打断学生，要创造出平等、民主、宽松的课堂环境，唯有此，学生才能真正暴露出最真实的一面。

青岛版小学科学三年级上册第六单元《水的三态变化》包含《水蒸发》《沸腾》《水结冰》《水的三态变化》四课，分析每一课中水的变化，其共性都有水蒸气的参与，由此可见，学生对水蒸气前概念的暴露是本单元的一个关键点。在这一单元起始课的课前，教师在教室中用壶烧水，上课时正好壶嘴上方冒出白色的气体，于是针对这一真实的生活场景教师与学生开展了如下的追问：

师：烧水时壶嘴上方出现了这样的现象，你知道这是什么？

生：水蒸气。（几乎是异口同声）

师：这个"水蒸气"是怎么来的？

生：是由水变成的。

生：是加热来的。

……

这时教师故作自然地用湿抹布擦了擦黑板，很快黑板上的水不见了，教师继续追问：

师：黑板上刚才明明有水，一转眼水到哪里去了？

生：水消失了。

生：水到空气中了。

生：水变成水蒸气了。

生：水变成水蒸气到空气中去了。

……

师：大家同意这个同学所说，水变成水蒸气到空气中去了吗？

生：同意！

师：（抬头往教室上方看）在哪儿？我怎么没看见？

生：（稍做思考）因为它没有颜色。

师：哦，水蒸气没有颜色（板书），那我们现在一起闻一闻，你闻到了什么？

生：什么都没闻到。

师：这说明——

生：水蒸气没有气味（板书）。

师：现在我们一起伸出舌头来，你尝到了什么？

生：什么都没尝到。

生：（学生几乎抢着回答）这说明水蒸气没有味道（板书）。

此时见时机比较成熟了，教师继续追问：

师：刚才我们通过看、闻、尝，知道了水蒸气没有颜色，没有气味，也没有味道，可同学们说壶嘴上方能看到的这个现象就是水蒸气，老师有点糊涂了，究竟哪个观点是正确的？

生：壶嘴上方的现象不是水蒸气，因为水蒸气看不见。（其他同学也略表同意）

师：壶嘴上方的这种现象，谁认为是水蒸气的，请举手。（没人举手）

师：现在可以肯定的是，这个现象不是水蒸气。那生活中水变成水蒸气到空气中的现象，你能举个例子吗？

生：洗手后手上的水没有了，说明手上的水变成水蒸气到空气中去了。

生：拖完地，地上的水也不见了，是水变成了水蒸气到空气中去了。

……

此时发现，学生对水蒸气这一概念完全建构出来了。

师：那这个现象怎么解释？

生：……

师：不用着急，通过这个单元的学习，你会找到答案的。

由此不断追问，充分暴露出了学生对水蒸气认识的前概念，外显了真实的"原认知"，"澄清"了对水蒸气的正确认知，便于单元大概念的顺利建构。

（二）画图式显露

画图是一种知识的组织与表征的方法，是学习者将认知结构或对某一主题的理解，用形象的方式表达出来。因为年龄、生活经历、性格特点等诸多原因，部分学生不善于将自己内心最深处的想法进行口头表达，就可以尝试用绘画的方式进行表达，且画图是更便于学生将隐藏深处的想法进行可视化表达的方式。尤其是涉及探究过程中思维的展现，有时很难用语言进行描述，恰好画图能充分地暴露其思维过程与认知水平层次。与此同时，画图法因为其直观性强、简单易操作，往往被学生所接受，学生表面上看只是在画图，实质上是在展开自己的思维历程，同时也为学生分析表达自己的观点提供了显性的载体。

青岛版小学科学四年级上册第三单元《电的本领》包括《点亮小灯泡》《导体和经验体》《安全用电》以及《生活中的静电》四课，通过分析可知，要想建构单元大概念，其切入点一定是小灯泡的连接方式，即如何能让小灯泡亮起来，这是整个单元学习的基本，学生只有弄明白这一关键点，才有利于建构单元大概念。因此，在本单元起始课中，首先呈现出单元大任务：一年一度的校园艺术节要召开了，本届艺术节要招募小灯泡装点师，要想被招募成功，需要有基本的电学知识基础，即用尽可能多的方式让一个小灯泡亮起来，教师为每位同学准备小灯泡和电池的贴纸，请同学们动手拼一拼、摆一摆，看看你有多少种方式让灯泡亮起来，并在记录单中画出来，如图3-2-1所示。

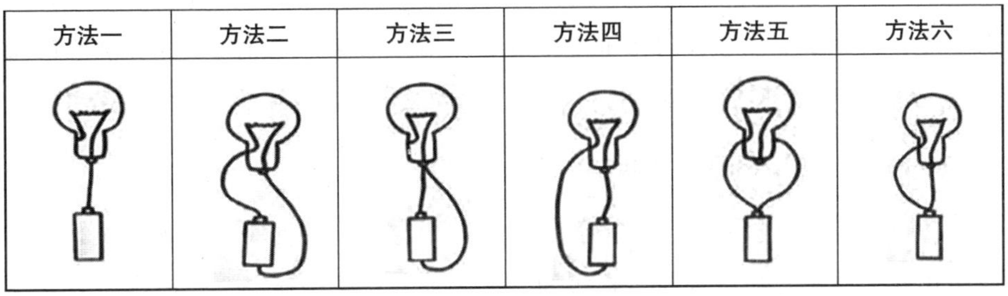

方法一	方法二	方法三	方法四	方法五	方法六

图3-2-1 《电的本领》单元学生的前概念

如此，在单元大任务的驱动下，学生将自己的前概念用画图的方法进行充分展现，这些连接方式中有的是学生根据生活经验想到的，有的是在玩具的电路中见过的，有的也可能只是学生的直觉……无论哪一种都充分暴露出了学生的前概念。通过最终的展示可知，对于本单元的核心：点亮一个小灯泡，学生几乎都知道要把电池和灯泡连在一起，但是暴露出了两点：一是部分学生不知道灯泡和电池要按照顺序首尾相连，容易形成断路；另一部分学生不知道只有形成闭合的回路，电才能流通，灯泡才能亮，即使是画一个再简单不过的电路图也需要形成闭合的回路。

画图的过程就是学生无声表达观点、展示前认知思维的过程，而教师正是通过这些无声的"暴露"，可以快速地从中捕捉到其共性及特例，如果暴露出的某一种或几种连接方式，绝大多数学生都是正确的，那么直接呈现下一个评价任务；如果发现哪一种或几种连接方式代表着学生共性的疑惑，那么就要有针对性地呈现评价任务，集全班的力量攻克这一疑惑，即做出正确的教学决策，最终促进学生科学正确地建构本单元的概念，在建构过程中同时促进学生思维发展。

二、引发认知冲突的策略

认知冲突是指在对事物的认识过程中，原有的认知与现实并不相符，从而导致了认知上的矛盾和冲突。心理学研究显示，人无法长久地接受认知结构不平衡，每个人都具有丰富认知空白和解决认知冲突的本能。《课程标准（2022）》的课程理念中指出，教师要基于学生的认知水平，联系学生已有的知识和经验，创设良好的学习环境，引起学生的认知冲突，引导学生主动探究，启发学生积极思考。引发学生认知冲突通常可通过创设情境激发认知冲突，设计挑战性任务诱发认知冲突，提供有结构材料引发认知冲突等策略，下面进行简要介绍。

（一）创设情境激发认知冲突

杜威曾提出"思维起于直接经验的情境"，概念学习时将与概念相关的生活情境重现，使学生从中提炼出直接的感性经验，找准构建概念的锚点，激发认知冲突，促进学生围绕核心概念开展学习。

青岛版小学科学四年级下册第五单元《物质的变化》中《铁生锈》一课，需要建构的概念是：知道有些物质发生了变化，构成物体的物质也发生了改变。

通过分析可知，"有些物质发生了变化"是概念的表象，"构成物体的物质也发生了改变"是概念建构的本质。如果能从"铁与铁锈为什么是两种不同的物质"这一突破口进行突破，这个概念就算建构成功，再迁移应用到其他物质的变化，进而建构本课概念。

铁和铁锈是两种不同的物质，其区别映射到学生的生活经验上，除了表面光泽、粗糙程度等外观有明显的区别外，最关键的是用途发生了改变，即当铁变成铁锈后，它就不具备原来的性质，发挥不了原来的作用，毕竟性质决定结构，结构决定功能。要让学生的思维聚焦到铁与铁锈是两种物质上，须创设真实的生活情境：家里的木质椅子松了，需要用铁钉加固一下，发现有些铁钉生锈了，生锈的铁钉能不能用？一部分学生认为能继续使用，原因是铁即使生锈了其本质还是铁；一部分学生认为不能用，原因是生锈的铁钉没有铁牢固……那么生锈的铁钉究竟能不能使用？它与未生锈的铁钉是不是同一种物质？学生产生认知冲突，急切需要通过探究来获得证据，基于证据得出最终结论以支撑自己的观点。

由此可见，围绕概念激发认知冲突，能够将学生的关注点紧紧聚焦在概念的建构上，引领学生经历真实生活情境中提出问题—基于真实问题产生认知冲突—基于认知冲突探究实践—基于探究实践获得证据—基于证据得出结论这样的学习过程，学生始终处于在学习、真学习的状态，解决了问题的同时，思维也得以发展。

（二）提供有结构材料引发认知冲突

美国科学教育家兰本达教授曾指出：材料引起经历。要想培养学生探究实践核心素养，首要的前提是教师要精心选择足以激发学生兴趣、激起学生认知冲突的材料，能让学生发现材料的相互作用而产生思想，思想又在集体的交流和讨论中变得更清晰、丰富。

在教青岛版小学科学三年级下册《谁的本领大》一课时，我为学生提供了铁钉、牙签、塑料棒、铅笔芯、铝片、瓷勺、香烟铝箔、碳棒、硬纸片、硬币、钥匙、毛线、别针、橡胶皮等材料。研究过程中，多数学生猜测铝片、铁钉、钥匙、别针一定会导电，而牙签、塑料棒、铅笔芯、瓷勺、香烟铝箔、碳棒、硬纸片、硬币、毛线、橡胶皮等不导电，而实际探究中却发现香烟铝箔、碳棒、铅笔芯导电，这就形成了认知上的第一次矛盾与冲突，促使学生产生强烈的问题解决欲望。在接下来的探究活动中，有的小组发现香烟铝箔纸还是不导电，这就引发了认知上的再一次冲突，学生带着更强烈的疑惑再一次进行探究。教师引领学生通过对前后不同现象进行分析，思维逐步向深层次展开，为实现由前概念向新概念的转换提供了实质性的可能。

第四章　单元视域下小学科学概念建构策略

《课程标准（2022）》突出了核心素养导向下的教学：一是明确提出了科学观念、科学思维、探究实践、态度责任四大核心素养，其中科学思维是核心；二是凝练出13个学科核心概念，形成科学课程的主要内容；三是首次增加4个跨学科概念，横向连接13个学科核心概念，使科学课程内容成为系统、综合的整体。

如何引领学生建构科学概念，几年来我区从单元视域出发，重点聚焦"单元挑战性任务设计、单元结构性问题设计、进阶性思维能力提升，促进概念形成的学习工具开发、评价量规开发以及课程资源开发等概念建构的核心要素"，持续性地实践探索，并不断地循证、改进，形成了一系列操作性强、应用效果好的概念建构策略，以期为正在进行单元视域下概念教学的教师们提供一种可借鉴的思路。

第一节　单元视域下挑战性任务设计策略

挑战性任务，其核心是评价任务，关键词是"挑战"。何谓挑战？就是指任务相对于学生现有水平具有一定的难度要求，学生必须吸收新的知识、建立新的联系，或者转变思路、调整方法才能完成。单元视域下的挑战性任务的设计，其实质是在单元目标或主题的统摄下，通过创设学习的真实情境，发现与认知相矛盾的问题，学生在解决一系列彼此关联、具有结构化和逻辑性任务群的过程中，实现知识自主建构与内化，发展学科核心素养。基于此，通过"素养导向的学习目标—挑战性任务设计策略—驱动性问题设计路径—学习支架开发策略"的研究，解决如何设计挑战性任务的问题。

一、当下任务设计存在的问题

（一）缺少"挑战性"

评价任务或是与学生认知水平不匹配，或是指向同一思维水平，无层阶性，难以触发学生深层的兴趣、情感和思维，学习处于"浅层"低阶思维。

（二）缺少"综合性"

评价任务停留于教材表层，较少深入知识内核，学生难以理解和把握知识背后的深层结构，见识与视野跟不上思维发展的需求，思维的广度不够。

（三）缺少"实践性"

教师过多地专注于知识的获取，忽视知识与生活的联系，设计的评价任务没有基于解决真实问题，学生难有深切的体验、深入的思考、深透的理解和灵活的运用。

二、单元视域下挑战性任务设计的基本路径

通过不断实践，探索出单元挑战性任务设计的四大基本路径：一是基于课标、教材和学情分析，研制单元学习目标；二是根据目标类型特点，匹配评价方式，甄别出适合采用表现性评价的目标；三是分析达成目标的行为表现，设计与之匹配的挑战性任务；四是开发与任务相匹配的评分规则。下面以青岛版小学科学二年级上册《常用工具》单元为例，简要阐述单元视域下挑战性任务设计的过程。

首先，基于对课程标准、教材和学情的综合分析，确立《常用工具》单元学习目标如下。

（1）能利用感官观察螺丝刀和螺丝钉等其他常用工具的外部形态特征，利用视频学习的方式能正确使用螺丝刀等常见工具。

（2）在小组合作的基础上能创新性地设计小书架，并能利用螺丝刀、螺丝钉将散装的书架组装成实用书架，并能依据量规评价自己和他人书架的优缺点。

（3）能依据需要选择合适的工具，并在小组合作的基础上使用工具对玩具进行简单维修；在修理玩具的过程中，发现使用工具的优势，感知工具是一种

物化的技术。

其次，依据目标类型，匹配评价方式，甄别出适合采用挑战性任务的较为复杂的学习结果。本单元学习目标共三条，依据华东师范大学朱伟强教授《课程标准的五种取向与评价匹配表》，成果性目标适合采用纸笔测试，体验性目标匹配表现性评价，将目标与评价方式一一匹配，可知第（2）（3）两条目标更适合表现性评价。

最后，分析达成目标的行为表现，设计与之匹配的挑战性任务。分析单元学习目标的行为表现，就是为了能够将单元学习目标更具体化，更有可表现性，只要分解得很具体，可操作、可测评，单元目标就更容易达成。基于单元学习目标设计的挑战性任务，不是基于标准答案的"测试"，也不是简单的基于真实情境的"做事"，而是引领学生在复杂的真实情境中具有挑战性地解决问题，整个过程需要学生思维的深度参与，在建构若干小概念之后，达成单元概念建构，进而达成单元学习目标。

以目标（3）为例，"在修理玩具的过程中，发现使用工具的优势，感知工具是一种物化的技术"是本单元需要学生达成的单元大概念，也是本单元需要落实的核心目标。如何能让学生发现使用工具的优势？如何让学生知道工具是一种物化的技术？需要学生在选择和使用工具的过程中亲自去对比和体验。为此，教师设计了与目标相匹配的挑战性任务——有的同学家里有很多小汽车，有些玩得时间长了或者玩的时候不注意，小汽车坏掉了。如果你是一个玩具修理工，你打算怎样正确修理小汽车呢？想要顺利完成这项任务，教师需要为学生提供任务指导语，指导语具体内容为：你要知道玩具小汽车出了什么故障？针对小汽车不同的故障，有哪些工具可能会帮到我们？怎样正确使用这些工具？

学生天生就有"汽车欲"，尤其是男同学，在这样的挑战性任务驱动下，学生会基于问题主动出击，积极想办法解决，整个过程高阶思维得以有效地发生。当然，挑战性任务设计除了要精准把握学习目标外，还要依据学科本质，遵循学生的认知规律和心理特点，从学生已有的知识基础、生活经验、思维水平、学习方式等方面让任务更具挑战性。

三、与挑战性任务匹配的问题设计的基本策略

问题是挑战性任务的心脏。一个优质的问题，如同挑战性任务启动的开关，能快速驱动学生展开有目标、有价值、有方法、有能力的真正意义上的学习。

单元或课时设计时，设计一系列彼此关联、具有结构化和逻辑性的挑战性任务群，必须匹配具有层次性、关联性、整体性的问题结构。研究发现，通过分析概念，依照概念（或目标）进阶过程设计问题，是构建问题序列、任务序列的基本策略。

依据北京师范大学郭玉英教授《科学概念理解和发展层级模型》成果，概念的形成需要经历"经验→映射→关联→系统→整合"五个层次的进阶。在《材料的性能》单元设计中，构建单元问题结构图分两步走：一是分析概念形成中知识表征、行为表现和能力水平的进阶，形成对目标的结构化认知。通过分解概念所需的事实性知识、形成概念的行为表现，可以清晰地看到学生认知思维发展的过程；二是依据行为表现的进阶，设计驱动性问题，形成有逻辑关联的问题序列和任务序列。基于单元大概念"材料的性能及应用"，提炼单元基本问题"如何应用材料性能解决生活问题？"结合真实的生活情境，设计了"为奶茶杯子设计保温层"的挑战性大任务。基于概念形成过程中学生行为表现的进阶，设计了与之匹配的问题序列和任务序列。单元教学方案设计中，这样一张清晰的问题结构、任务序列图如图4-1-1所示，直观地呈现了教学过程，系统地推进学习进程的展开。

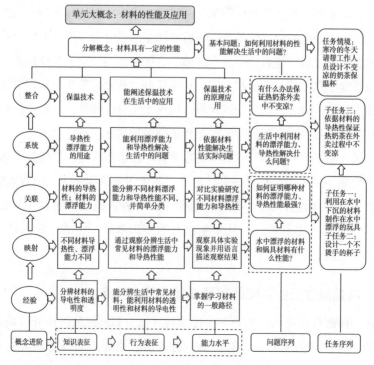

图4-1-1 《材料的性能》单元问题、任务序列

实践中，设计问题序列和任务序列的关键在于基于核心目标找到学生认知思维发展的层级，并将其与学科核心概念的理解及主题内容进行衔接，寻找真实情境下的问题解决路径，以规划认知进阶过程。

四、挑战性任务实施的学习支架

挑战性任务的实施，从"学"的角度看，是一个"理解评价任务—完成评价任务—分享、交流与改进"的循环过程。对学生而言，完成评价任务，其实是一个处理外部信息、对知识进行深度加工的过程。小学阶段，是学生思维从形象到抽象的过渡期，受认知水平的限制，学生很难抽象地思考问题，过度依赖于形象思维。这就需要教师在挑战性任务实施的过程中，为学生搭建完成任务的脚手架，帮助学生完成评价任务，产生丰富的学习信息。实践中，依据支架功能，开发了三类学习支架。

（一）认知衔接型支架，建立新旧知识的联系

经验是重要的学习资源。评价任务的解决过程中，学生常常需要调动已有的知识和经验，迁移运用到新知识的学习中。由于前备知识经验匮乏或遗忘，学习中常常显现经验断裂的现状。这就需要教师搭建认知衔接型支架，激活学生已有的经验背景，帮助学生重建新旧知识间的联系。

例如，在五年级《保温技术》一课的教学中，教师创设"帮助奶茶店的工作人员设计一款保温杯，保证奶茶不变凉"的挑战性任务。为激活学生四年级下册学习的防锈技术和五年级上册学习的防霉技术，帮助学生回忆"技术"开发的基本路径，设计了"我了解的生活中的技术路径"学习支架，如表4-1-1所示，学生课前梳理小学科学中与技术相关的学习内容，完成前置学习任务单，为奶茶保温技术的设计提供设计依据与路径。

表4-1-1 "我了解的生活中的技术路径"学习支架

我知道的生活中的技术	
我了解的技术项目：_____ 技术采用的基本原理：_____ 技术开发的基本路径：_____ _____ _____	我了解的技术项目：_____ 技术采用的基本原理：_____ 技术开发的基本路径：_____ _____ _____

（二）方法指导型支架，搭建自主建构的台阶

由于挑战性学习任务综合性、开放性、实践性的特点，在课堂实施中必定牵引着更为多元的学习方法和复杂变化的学习过程。面对真实、较大的长任务，教师需要有意识地赋予学生学习支持系统，引导学生去经历思考和实践，创造优质的学习信息。

例如，科学课例《声音的产生》一课教学中，教师依据核心问题"声音是怎样产生的"创设了更具综合性和复杂性的任务：观察物体发声时的现象。为了帮助学生完成任务，教师搭建了如下的支架：

观察皮筋、尺子发声时的现象→利用"放大法"观察桌子、水、空气等发声时的现象→对物体进行分类，找寻物体发声时的共性。

在学习支架的引导下，学生循着"让物体发出声音→观察弹性物体发声的现象→观察非弹性物体发声时的现象→归纳总结共性"的学习逻辑，视觉、触觉直观地发现物体发声时都在振动的现象，从而得出"发声物体会振动"这一综合性的实验结论。

需要注意的是，教师不仅要"借支架"给学生，帮助"学会"，更要引导学生自行建构支架，达到"会学"。例如，科学课例《保温技术》一课教学中，教师设计了挑战性大任务"怎样保证奶茶不变凉，并解释其原理"，为引导学生设计实验方案，实验方案设计单上以思维导航的形式，设计了问题串：（1）要验证自己的猜想是否正确，你需要设计什么类型的实验？（2）实验中，采用什么方法可以指导奶茶凉得快还是慢？（3）观察到什么现象可以证明你的猜想是正确的？这些支架将引导学生在实验探究中，从现象过渡到原理，从低阶观察进阶到高阶分析。

（三）语言表达型支架，实现师生间的深度对话

语言是思维的外壳，语言清晰则思维缜密，语言丰富则思维灵动。评价任务实施中，为充分暴露学生的思维，需要设计语言表达支架，将内隐的、抽象的思考过程直观地呈现出来，实现学生间、师生间深度的交流与碰撞。

以科学学科《水蒸气凝结》一课为例，教学中教师紧扣"水蒸气遇冷会变成小水珠"的凝结本质，在利用科学知识解释生活中的现象时，设计了"（　）

的水蒸气遇到（　　）的物体变成了小水珠"的表达支架，引导学生在观察生活现象的基础上利用所学科学知识，展开思维活动，理解凝结本质。

此外，学生利用实验设计单进行实验方案的交流，借助实验记录单进行实验结论的汇报也是最常见的语言表达型支架：学生在进行实验方案的交流时，在交流实验方法的同时，还需要介绍"为什么设计这一类型的实验？""模拟实验为什么选择这样的替代材料？"其他学生评价实验方案时，教师提供了"我同意你的观点，但我还有疑问……"或者"我不同意你的观点，因为……"语言支架帮助学生在辩论中形成统一的意见；学生在进行实验结论的汇报时，教师通过"实验中我观察到这样的实验现象……通过这样的现象可以得到……的结论"或者"实验中我们获取了这样的数据……通过数据分析，我们发现……"这样的语言支架帮助学生有层次、有逻辑地表述实验现象和实验结论。另外，在单元结束课中，我们还利用不同形式的思维导图帮助学生梳理单元知识体系，形成科学概念：三年级提供单元主题、课题和具体课时的三级思维导图分支，学生填空完善即可；四年级提供单元主题、课时两级思维导图分支，学生需要自己设计三级课时分支；五年级则只提供单元主题一级分支，学生需要设计课题和课时的二、三级分支完善思维导图。

需要注意的是，学习支架的设计要遵循适度和适用的原则。支架的类型、具体内容等，都要适合学生年龄特征、学科特点、学习内容及学习环境。学习支架的设计，要为不同学生提供选择的可能性。当学生能独立完成挑战性任务时，支架要逐渐移走，给学生更多意义建构的空间。

第二节　单元视域下结构性问题设计策略

结构性问题是一组由主问题及问题链组成，彼此之间具有逻辑关系的问题结构，其与目标匹配，架构起单元问题框架，以实现任务解决。结构性问题通常有递进式、并列式、总分式以及树状等结构。

所谓递进式问题，是指按照"梳理单元内容结构图，聚焦其内容核心点确立'五何'问题；梳理单元课标要求，依据其内容点梳理并确定单元主问题；确立单元学习目标，并与初定问题进行匹配分析"的路径，最终形成递进式问题结构，具体如图4-2-1所示。下面以青岛版小学科学五年级上册第一单元《遗传和变异》为例，进行具体阐述。

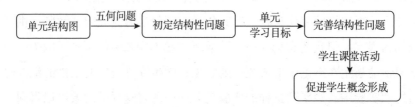

图4-2-1 递进式结构性问题模型

一、梳理单元内容结构图，确立"五何"问题

首先分析教材，梳理出整个单元的知识脉络，形成单元内容结构，如图4-2-2所示。

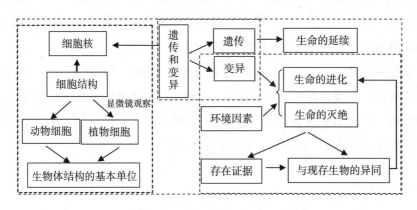

图4-2-2 《遗传和变异》单元内容结构

分析单元内容结构可发现，本单元教学内容的核心点就是遗传和变异，以"五何"问题为思考点，初步确定单元问题：遗传和变异是什么？为什么会出现遗传和变异现象？遗传和变异现象是怎样发生的？假设没有遗传和变异现象，会怎么样？遗传和变异对生物的生存和发展有怎样的意义？

二、梳理课标要求，确定单元主问题

研读课程标准，结合教材分析，提炼出单元知识点，然后依据单元知识点确定问题类型，可知本单元重在解决"是何""为何""由何"问题。继续进行分析，"是何"问题重在让学生从知识层面知道细胞是生物体（除病毒外）的基本单位；"为何"问题是从遗传和变异的本质上了解细胞结构与遗传和变异的关系；"由何"问题重在以恐龙为例分析遗传和变异对生物生存和发展的意义。基于以上问题的层级关系，确定"由何"问题为本单元的主问题，如表4-2-1所示。

表4-2-1 《遗传和变异》单元问题类型一览表

课标要求	提炼单元知识点	确定问题类型	具体问题
初步学会使用显微镜观察细胞，知道细胞是生物体的基本结构单位。	细胞的基本结构（遗传和变异的原因）	为何	为什么会出现遗传和变异现象？
描述和比较植物子代与亲代在形态特征方面的异同；描述和比较动物子代与亲代在形态特征方面的异同。	遗传和变异的定义	是何	什么是遗传？什么是变异？
根据化石资料，举例说出已灭绝的生物；描述和比较灭绝生物与当今某些生物的相似之处。	遗传和变异的意义	由何	遗传和变异对生物的生存和发展有怎样的意义？

三、确定单元学习目标，形成结构性问题

根据对课程标准、教材以及学情的综合分析，确定的单元学习目标如下。

1.通过使用显微镜观察不同生物的细胞，绘制观察结果，说出细胞是生物体的基本单位。

2.通过比较分析，描述植物、动物和人的子代与亲代在形态特征方面的异同，能用自己的语言描述生物界中遗传和变异的现象。

3.通过交流搜集的化石资料，能举例说出已灭绝的生物；在比较已灭绝的恐龙、猛犸象等生物与当今某些生物的形态特征的过程中，找到相似之处，完

成《恐龙的前世今生》的研究报告。

将单元学习目标与初定的结构性问题进行匹配,并逐一进行分析:

第一,分析学习目标1与结构性问题"为什么会出现遗传和变异现象",可知:微观视角下,细胞核蕴含着生物的遗传信息,在生殖细胞的减数分裂和生物受精过程中,这些遗传信息会被复制、重组和发生改变。而本单元主要是从宏观角度对遗传和变异进行阐述,微观角度仅仅是利用显微镜认识细胞结构,了解细胞各结构的主要功能,因此只须设置"是何"问题:生物体的基本单位细胞,各部分结构有哪些功能?

第二,分析学习目标2与结构性问题"什么是遗传?什么是变异?"学习目标2是从宏观层面解释遗传和变异这一普遍存在的生物现象,需要学生基于生活现象通过观察、比较,进而深度思考并总结出遗传与变异的宏观概念。为诱发学生深度学习动机,可以将"是何"问题升级为"为何"问题,即为什么同一株植物花的颜色有的相同有的不同?

第三,分析学习目标3与主问题"遗传和变异对生物的生存和发展有怎样的意义",可知学生需要知道恐龙的"前世"与"今生"才能完成研究报告,恐龙的"前世"即对恐龙的介绍,恐龙代代繁衍源于遗传,恐龙物种的多样性则源于变异;"今生"即现存的恐龙的"后代",通过"遗传的相似性"找寻。结合遗传和变异的生物意义,基于学生的视角提出本单元的主问题:恐龙与当代的哪些生物有相似之处?由此本单元结构性问题形成,如图4-2-3所示。

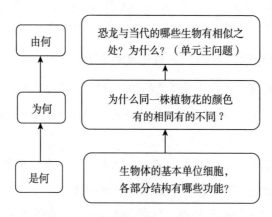

图4-2-3 《遗传和变异》单元结构性问题

第三节　进阶性思维能力提升策略

概念建构及思维发展是概念教学的一体两翼，概念教学的终极目标是以探究实践为载体发展学生的思维能力。思维能力的发展从某种角度上说就是运用科学方法解决问题的过程。因此，在课堂教学中落实科学方法的教育，是促进每一个学生发展积极科学思维方式的一个重要抓手。

科学思维方法包括观察、探究的科学方法，也包括分类、比较、抽象、概括等思维方法。2017年起小学科学教材中"探究技能"一词成为高频词，于是我们抓住这一"契机"，以"探究技能"为载体，培养探究能力进而培养思维能力。下面通过系统梳理探究技能在教材中的内容描述、正确认识和把握探究技能的内涵、系统梳理探究技能的层级要求以及例析探究技能在思维进阶中的作用等方面进行具体阐述。

一、系统梳理"探究技能"的"内容描述"

研读小学科学教材能发现，1～5年级教材中共出现了25种探究技能，为清晰地把握这25种探究技能，我们将1～5年级所有教材中对探究技能的"内容描述"进行了不同角度的梳理，一是以探究技能为单位梳理教材，不但梳理出其出现的起始课时，更在此基础上梳理出其在其他年级的体现，部分内容如表4-3-1所示；二是以教材为单位梳理探究技能，部分内容如表4-3-2所示。目的是引领科学教师在全面了解教材的基础上，能关注到这样一个高频词，以及其背后要传递出的理念与思想，便于教师明晰教学的方向。

表4-3-1 以"探究技能"为单位梳理教材（部分）

探究技能	内容描述	年级	单元	课题	教材活动
长期观测	为了认识北斗七星一年内在天空中位置的变化，在每天固定时间、固定地点连续观察，就是在进行长期观测。	五年级上	第三单元《秋冬星空》	9.《变化的星空》	研究观测记录，找出星座的位置变化规律。
交流	互相说一说玩磁铁的发现，就是在交流。	一年级上	第三单元《玩中学》	7.《玩磁铁》	玩一玩，有什么发现？
	把观察小动物的结果记录下来与同学分享，也是在交流。	一年级下	第四单元《土壤与动植物》	14.《土壤中的小动物》	说一说土壤中一种小动物的样子。
分类	把相同颜色的积木放在一起，就是在分类。	一年级上	第三单元《玩中学》	10.《分一分》	观察这些积木，试着把它们分一分。
比较	找出水和牛奶的相同与不同，就是在比较。	一年级上	第四单元《水》	12.《认识水》	水是什么样的？
	了解松树叶和柏树叶的相同和不同，就是在比较。	一年级下	第四单元《土壤与动植物》	11.《我们周围的植物》	我们这样认植物。
	找出猫在不同季节的相同与不同，就是在比较。	二年级上	第二单元《太阳和月亮》	7.《春夏秋冬》	在不同的季节，动物和植物有什么变化？
预测	说出蚂蚁可能会爬向哪种食物，就是在预测。	一年级下	第二单元《认识周围的动物》	5.《动物的反应》	蚂蚁喜欢吃什么？
	根据蚂蚁搬家、蜻蜓低飞等现象想到可能要下雨，就是在预测。	二年级下	第三单元《认识天气》	10.《怎样预知天气》	观察自然现象，预测天气。
猜测	看到玩具悬浮的现象，想到玩具里可能有磁铁，就是在猜测。	二年级下	第五单元《科技产品》	16.《制作磁悬浮笔架》	为什么它们能悬浮在空中呢？
排序	按照动物运动快慢排列，就是在排序。	一年级下	第二单元《认识周围的动物》	6.《动物的运动》	动物运动会。

续表

探究技能	内容描述	年级	单元	课题	教材活动
解释	说明植物生长情况不同的原因，就是在解释。	二年级上	第三单元《植物与环境》	10.《植物和阳光》	植物的生长与阳光有关系吗？
描述	用前、后、左、右等说出自己所处的位置，就是在描述。	二年级下	第一单元《位置与方向》	1.《前后左右》	用前后左右描述位置。
	说出蚂蚁的身体分为哪几部分、每部分长着什么，就是在描述。	四年级上	第一单元《动物王国》	1.《蚂蚁》	蚂蚁的身体分为哪几部分？每部分长着什么？
反思	在加热土壤的实验中，思考哪些做法是成功的、哪些做法是需要改进的，就是在反思。	三年级下	第一单元《土壤与岩石》	1.《土壤的成分》	观察土壤，有什么发现？
	完成研究斜面作用的实验后，思考用测力计拉动小车是否匀速、读书是否准确等就是在反思。	五年级下	第四单元《简单机械》	《斜面》	设计实验，研究斜面的作用。

表4-3-2　以教材为单位梳理"探究技能"（部分）

年级	单元	课题	探究技能	内容描述	教材活动
二年级上册	第二单元《太阳和月亮》	7.《春夏秋冬》	提出问题	观察大自然中的景物，产生疑问并说出来，就是在提出问题。	一年中，大自然有哪些变化？
		7.《春夏秋冬》	比较	找出猫在不同季节的相同与不同，就是在比较。	在不同的季节，动物和植物有什么变化？
	第三单元《植物与环境》	10.《植物和阳光》	解释	说明植物生长情况不同的原因，就是在解释。	植物的生长与阳光有关系吗？

年级	单元	课题	探究技能	内容描述	教材活动
二年级下册	第一单元《位置与方向》	1.《前后左右》	描述	用前、后、左、右等说出自己所处的位置，就是在描述。	用前后左右描述位置。
	第二单元《磁铁》	4.《认识磁极》	得出结论	根据观察到的磁铁吸铁现象，总结出不同形状的磁铁都有两个部位吸铁最多，就是在得出结论。	试一试，磁铁的哪个部位吸铁多。
	第三单元《认识天气》	9.《天气与动植物》	搜集证据	为了证明天气变化对动物有影响，找到猴子等动物在不同天气中的活动实例，就是在搜集证据。	天气变化对动物有哪些影响？
		10.《怎样预知天气》	预测	根据蚂蚁搬家、蜻蜓低飞等现象想到可能要下雨，就是在预测。	观察自然现象，预测天气。
	第五单元《科技产品》	16.《制作磁悬浮笔架》	猜测	看到玩具悬浮的现象，想到玩具里可能有磁铁，就是在猜测。	为什么它们能悬浮在空中呢？
三年级上册	第一单元《植物的"身体"》	2.《植物的茎》	观察	把凤仙花的茎横切、纵切，了解茎的内部，就是在观察。	茎对植物的生存有什么作用？
		4.《植物的花》	观察	先看桃花的萼片和花瓣，解剖后再看桃花的雄蕊和雌蕊，这就是由外到内观察。	认识花的构造。
	第三单元《太阳与影子》	10.《太阳和影子》	提出问题	通过观察阳光下物体的影子，说出"影子的方向与太阳的位置有什么关系"等问题，就是在提出问题。	一天中，阳光下物体影子的方向与长度有什么变化？
	第四单元《混合与分离》	12.《怎样加快溶解》	对比实验	只有一个条件不同，其他条件都相同的实验称为对比实验。	怎样使食盐在水中加快溶解？
	第六单元《水的三态变化》	20.《水沸腾》	处理信息	借助图表对沸腾现象进行记录、整理和分析，就是在处理信息。	给水加热，有什么发现？

续表

年级	单元	课题	探究技能	内容描述	教材活动
三年级下册	第一单元《土壤与岩石》	1.《土壤的成分》	反思	在加热土壤的实验中，思考哪些做法是成功的，哪些做法是需要改进的，就是在反思。	观察土壤，有什么发现？
	第三单元《冷与热》	9.《温度计的秘密》	推理	根据水、醋、果汁等液体具有热胀冷缩的性质，推出液体有热胀冷缩的性质，就是在推理。	温度计为什么能测温度？
	第四单元《植物的生长》	13.《种辣椒》	制订观察计划	在观察辣椒的生长前，预先确定观察内容、观察时间、记录方法等，就是制订观察计划。	种辣椒，观察辣椒的生长过程。
四年级上册	第一单元《动物王国》	1.《蚂蚁》	描述	说出蚂蚁的身体分为哪几部分、每部分长着什么，就是在描述。	蚂蚁的身体分为哪几部分？每部分长着什么？
		2.《鱼》	推理	鱼类用鳃呼吸，而鲸用肺呼吸，由此推出鲸不属于鱼类，这就是在推理。	它们属于鱼类吗？
	第二单元《物体的运动》	6.《测量距离和时间》	测量	利用工具确定两棵树之间有多远，就是在测量。	量一量两棵树之间有多远。
		8.《运动与力》	推理	依据运动的球能把瓶子击倒、运动的锤子能把核桃砸开等事实，推出运动的物体具有能量的结论，就是在推理。	运动的物体具有能量吗？
	第三单元《电的本领》	11.《导体和绝缘体》	搜集证据	借助简单电路测试木头、塑料、金属等材料是否容易导电，就是为验证它们是否是导体搜集证据。	哪些材料容易导电？
	第五单元《声音的秘密》	16.《声音的产生》	归纳	根据音叉、水、空气等发声时都在振动的现象，得出物体发声时会振动的结论，就是在归纳。	声音是怎样产生的？

以上梳理，虽然没有过多的技术含量，但是通过这两种不同维度的梳理，便于教师对探究技能在整个小学阶段的作用有个系统把握，比如基于学生的认

知，哪个探究技能是需要从低年级就开始培养，哪个探究技能是要在高年级进行培养；再比如同一个探究技能在不同年级中的内容表述有什么不同，这个不同说明了什么……以此对如何培养学生的探究能力进而发展思维能力，有了结构性的认知。尤其是最后一列，将每个探究技能对应的教材主要活动梳理出来，更便于教师从这一张表中小中见大，引发其更深度的思考，其意义价值远远大于梳理本身。

二、正确认识和把握"探究技能"的内涵

要想把握探究技能背后更深层次的思想，只有以上不同维度的梳理还不够，需要进一步对每一种探究技能背后的含义进行了解，并理解。全区集学科工作室核心成员的力量，攻坚克难，通过《辞海》、百度学术等诸多相对专业的渠道先确定了25种探究技能的原始含义，然后通过分析表4-3-1与表4-3-2，再围绕着"怎么做""做出什么"等方面作出科学化的解释，要求解释尽可能准确不生涩，其中部分内容如表4-3-3所示。

表4-3-3 "探究技能"释义一览表（节选）

探究技能	释　义	备注
观察	应用各种感官及其延伸工具收集信息。	
分类	根据一个或多个相同特征将物体或生物分组。	
解释	在观察的基础上进行思考，合理地说明事物之间的联系，或者是事物发展的规律。	
预测	依据经验或现象，对事物发生或发展的结果预先做出推测。	
归纳	从许多个别的事物中概括出一般性概念、原则或结论。	
交流	用语言、文字、图表、图形、符号等展示学习过程和结果。	
排序	按照一定的规律，将两个以上的物体进行有序排列。	
比较	通过观察与分析，找出事物间相同的特征或相异的特性，揭示事物的本质联系与区别。	
测量	用各种工具及相应单位进行量化。	
反思	对所做事情的过程以及结果的再思考，以从中总结经验并不断自我提升的实践性活动过程。	
长期观测	对自然现象进行长期的观察，通过对比、分析等，作出规律性的说明。	
猜测	根据已有知识经验或某些线索，对可能的结果进行有依据的猜想。	

探究技能	释　义	备注
对比实验	设置两个或两个以上的实验组，通过对结果的比较分析，来探究各种因素与实验对象的关系。	
概括	在比较和抽象的基础上，把抽象出来的事物的共同本质特征综合起来，并推广到同类事物上。	
描述	根据物体可观、可测等特征，用语言进行形象、具体说明。	
推理	包含归纳和演绎两种，归纳是从许多个别的事物中概括出一般性概念、原则或结论的思维方法；演绎是从普遍规律出发推导出具体的事例。	
类比推理	根据两个或两类对象之间在某些方面的相同或相似而推出它们在其他方面也可能相同或相似的一种思维逻辑。	
假设	根据已有经验或现象，对通过研究可能发现的因果关系预先进行叙述。	
建立模型	为预测一个系统的可能表现，对真实事物（原型）进行必要的、科学的抽象简化，组建与真实事物（原型）高度相似的系统。	

三、系统梳理"探究技能"的层级要求

有了25个探究技能的释义，接下来根据每一个释义以及其所对应不同年级的课时内容进行层级划分，这一步非常重要，需要结合学段特点、内容特点对探究技能的释义进行分解，形成不同年级间进阶性的层级要求，并基于划分后的每一个层级要求各列举出一个代表性的"内容示例"，便于教师更好地理解层级要求。以下仅呈现分类、测量、解释及归纳的层级要求，具体如表4-3-4所示。

表4-3-4　"探究技能"的层级要求（节选）

技能	释义	课本含义	层级要求	年级	所在课节	内容示例	领域
分类	根据一个或多个相同特征将物体或生物分组。	把相同颜色的积木放在一起就是在分类。	层级一：能按照指定的标准，针对同类物体的同一特点进行分类。	一上	第三单元《玩中学》10.《分一分》	1.观察积木的颜色，发现积木颜色不同这一现象。 2.依据经验，思考怎样把相同颜色的积木分在一起？ 3.（根据学情）经历分一分的过程，能说出把相同颜色的积木放在一起，就是在分类。	物质科学

续表

技能	释义	课本含义	层级要求	年级	所在课节	内容示例	领域
分类	根据一个或多个相同特征将物体或生物分组。	把相同颜色的积木放在一起，就是在分类。	层级二：能自主确定标准，针对同一类物体的不同特点进行分类。	一上	第三单元《玩中学》10.《分一分》	1.观察铅笔，可以从颜色、长短、功能等多角度发现铅笔的特点。2.根据观察的现象，思考：给铅笔分类可以确定什么标准？有几种分法？	物质科学
			层级三：能根据多个相同特征，综合确定标准，对不同类物体或生物进行分类。	四上	第一单元《动物王国》1.《蚂蚁》2.《鱼》3.《鸟》4.《哺乳动物》	《哺乳动物》1.观察猫和兔，发现猫和兔的身体表面有毛、胎生、哺乳。2.根据猫和兔的多个相同特征，依据经验，猜测猫和兔可能属于同一类生物。3.根据哺乳动物的特征，综合确定标准，给海豚、马、壁虎、猩猩、青蛙、袋鼠、老虎、熊进行分类。	生命科学
测量	用各种工具及相应单位进行量化。	利用工具确定两棵树之间有多远，就是在测量。	层级一：在教师的引导下，能根据需求，针对不同物体的不同特征，选择合适的测量工具。	三上	第七单元《仪器与制作》25.《量筒》26.《天平》27.《沙漏》	25.《量筒》1.观察4个盛有水的容器，提出问题：怎样知道哪个容器里的水多？2.估测不能精确得知4种容器中水量的多少，提出需求：使用什么样的测量工具能准确测量液体体积？3.说出量筒是测量液体体积的工具，寻找其他测量液体体积的工具。	技术与工程
			层级二：在教师的引导下，能针对不同物体的质量、体积等特征，选择合适的测量，工具准确测量并能用相应单位进行量化。			1.观察测量工具，认识测量单位，认识测量工具，各部分名称及作用。2.思考：如何使用各种测量工具？3.结合观察与测量，用恰当的测量单位进行记录。	

技能	释义	课本含义	层级要求	年级	所在课节	内容示例	领域
测量	用各种工具及相应单位进行量化。	利用工具确定两棵树之间有多远，就是在测量。	层级三：根据需求，能针对物体的不同特征，自主选择合适的工具进行测量，并正确使用相应单位进行量化。	三上	28.《面团长大了》	28.《面团长大了》 1.馒头是我国的传统食品，是怎样做出来的呢？ 2.做馒头需要适量的面粉、酵母和水，还需要控制发酵时间、醒面时间和加热时间。这些都需要选择合适的测量工具。	技术与工程
			层级四：在用多种方法进行测量的基础上，能确定统一标准，并依据标准自主选择工具进行准确测量。	四上	第二单元《物体的运动》6.《测量距离和时间》	1.依据经验思考：量一量两棵树之间有多远，有哪些方法？ 2.寻找测量工具，精准地测量两棵树之间的距离。 3.经历测量的过程，能说出利用工具测量两棵树之间有多远，就是在测量。 4.选择合适的工具，测量跑一段距离需要多长时间。	物质科学
解释	在观察的基础上进行思考，合理说明事物间的联系，或者是事物发展的规律。	说明植物生长情况不同的原因，就是在解释。	层级一：能通过观察生活现象，发现造成现象的原因并进行简单说明。	二上	10.《植物和阳光》	1.观察阳光下和背阴处植物的生长情况有什么不同。 2.说一说植物生长情况不同的原因。	生命科学
			层级二：能通过实验探究，获得充分的证据，合理说明现象发生的原因。	三下	11.《热气球上升的秘密》	解释热气球为什么会上升。	物质科学
			层级三：能利用所学知识，正确说明新的情境中现象发生的原因。	四下	5.《热传导》	解释为什么煎鸡蛋的时候一面熟了，另一面没熟。	物质科学

续表

技能	释义	课本含义	层级要求	年级	所在课节	内容示例	领域
归纳	从许多个别的事物中概括出一般性概念、原则或结论的思维方法。	依据音叉、水、空气等发声时都在振动的现象，得出物体发声时会振动的结论，就是在归纳。	层级一：利用不同的物体进行同一种实验方法的反复操作，观察到相同的实验现象，从而得出一般性的科学概念。	四上	17.《声音的产生》	通过实验观察发声的物体都在振动：1.为学生提供实验材料，组织学生利用实验材料设计实验，观察物体发声时发生的现象。2.小组合作按照实验方案进行实验操作，记录实验现象，发现共性。3.组织学生进行交流汇报，引导学生对比同一小组中固体、液体和气体发声时的振动现象以及不同小组的实验现象，发现共性并得出结论：物体发声时都在振动。	物质科学
					18.《声音的传播》		
			四下	1.《认识光》		
				2.《光的反射》		
				5.《热传导》		
			层级二：利用工具、实验方法观察实物、图片、视频等内容后，找寻观察内容中存在的共性，从而得出一般性的科学概念。	五上	1.《细胞》	利用显微镜观察不同生物不同组织器官的细胞结构：1.提供显微镜使用方法视频资料，学生自学掌握显微镜使用方法。2.组织学生小组合作利用显微镜观察不同的动植物细胞并将观察结果绘制下来。3.组织学生进行交流汇报，引导学生发现不同小组的记录结果中，植物细胞和动物细胞的共性，得出统一的实验结论：植物细胞由细胞壁、细胞膜、细胞质、细胞核组成，动物细胞由细胞膜、细胞质和细胞核组成。	生命科学
					5.《燃烧与灭火》		物质科学
					19.《生物的栖息地》		生命科学

25个探究技能，每一个都梳理出其在不同年级不同课时中的层级要求，教师在"备思维"时，可依据这一表格内容纵向地把握每一个"探究技能"的"前后关联"，进而培养学生的思维能力，实现进阶性发展。

四、例析探究技能在思维进阶中的作用

探究技能系统化的层级要求，表格既呈现了每一种探究技能在不同学段和课时的运用要点，又对实现同一核心概念下的单元教学具有极强的指导作用，依托探究技能进阶性的层级要求，在不断推进学生思维进阶的同时，也能帮助学生更加系统地建构概念，真正实现小学科学指向思维发展的概念教学。下面以其中"解释"一"探究技能"为例进行具体说明。

1.抽取"解释"一"探究技能"的层级要求，如表4-3-5所示。

表4-3-5 "探究技能"的层级要求（节选）

探究技能	释义	课本含义	层级要求	年级	课节	内容示例
解释	在观察的基础上进行思考，合理地说明事物变化的原因、事物之间的联系，或者是事物发展的规律。	说明植物生长情况不同的原因，就是在解释。	能通过观察生活现象，对其原因进行简单说明。	二上	10.《植物和阳光》	1.观察阳光下和背阴处植物的生长情况有什么不同。2.说一说植物生长情况不同的原因。
			能通过探究实践，获得充分的证据，合理说明现象背后的原因。	三下	11.《自行车胎为什么爆裂》	解释炎热的夏季，自行车胎为什么容易爆裂。
			能利用所学知识，正确说明新的情境中事物/现象发生的原因。	四下	5.《热传导》	解释为什么煎鸡蛋的时候一面熟了，另一面没熟。

2.具体进行分析。从以上层级要求可知，二年级学生在学习上册《植物和阳光》一课时，通过观察阳光下和背阴处植物生长情况的不同，能说出植物生长离不开阳光，就是在"解释"。三年级学生在第三单元《冷与热》一课的学习中，对于日常生活中"自行车胎为什么爆裂"这一现象，仅凭观察无法合理地说明原因，需要对气体热胀冷缩进行探究进而得出"气体具有热胀冷缩的性质"

这一结论，在此基础上学生说出自行车胎在夏天容易爆裂是因为车胎内的气体受热膨胀，此时就是在"解释"。与此同时，学生将气体的这一性质类比到液体，进而说明热能可以改变物体的体积，初步感知热能对物体的作用。

四年级下学期第二单元《热的传递》学习中，第1课《热传导》学生通过学习知道热可以沿着物体从温度高的部分传到温度低的部分，然后对生活中为什么煎鸡蛋的时候一面都糊了另一面却没熟进行解释，此时的解释与三年级时相比，概念所处的情境发生了变化，能在新情境中说明现象发生的原因，认知水平上升到应用。本单元另外两课《热对流》《热辐射》的学习，同样引领学生在探究实践活动结束，在新的生活情境中对热传递现象进行"解释"，从而探寻到本单元热传递现象背后的本质原因是能量的传递，进而对单元大任务作出解释。

纵观"解释"这一探究技能在整个小学段的层级要求，表面上看学生只是在不同的学段运用探究技能合理地说明事物/现象变化的原因或之间的联系、规律，但实质上学生经历了"根据现象解释背后的原因—通过探究实践解释事物/现象背后的原因—能够在真实的生活情境中解释事物/现象背后的原因"这一螺旋上升的思维发展过程，每一个后面的"解释"既包含了前一个"解释"所包含的层级要求，更在前一个"解释"的基础上有了更深一层次的"解释"，学生的思维能力得以进阶性发展。

第四节　促进概念建构的学习工具设计策略

任何课程的教学都离不开概念教学，都是以概念教学为基础逐渐深化和系统化的。要围绕概念组织教学，让学生从自己身边的事实出发，逐步建构出概念，亲历概念形成的过程，在掌握概念的同时，学会探究的方法，培养探究的能力。《课程标准（2017）》用18个主要概念、75个学习内容、207个学习目标构建了课程内容框架，为教师精准研制学习目标提供了依据。清晰的目标是"教—学—评一致性"的前提和灵魂。结合课程标准的学习目标，引领学生有序建构科学概念，能够帮助学生达成学习的迁移。然而，在实际的科学课堂教学中发现，学生对所学的概念往往只是"记住"了概念这个术语，对概念本身并没有真正理解，面对新的情境无法迁移应用，核心素养更是难以形成。究其原因，是缺少了促进概念建构的学习工具的有效设计，以至于学生不明确"用什么建构""怎样建构"，无法达成学习目标。

一、当前概念教学中学习工具设计存在的问题

（一）缺乏促进概念建构设计学习工具的意识

究其原因，一是课堂中没有学习工具，概念的建构只是所谓"思维的建构"，学生无法通过"支配材料"发现意义，更无法通过"表达思维"探求意义；二是课堂中有相应的学习工具，但是未基于概念进行设计，学习工具的提供盲目性、随意性较大，概念建构无从谈起。

（二）缺乏对促进概念建构设计学习工具的深度理解

一是对概念内涵的理解、把握不准，致使学习工具的设计浅层、错位，激不起学生深度的探究欲望，甚至获得的结论不可靠；二是基于概念设计学习工具时，忽略学习工具的结构性与可视性，体现不出"学习发现"的结构与轨迹，致使概念建构缺乏"关联"；三是未基于概念、思维进阶的理念设计学习工具，不符合学生的认知逻辑，致使概念建构缺乏深度性、层次性、进阶性。

因此，概念教学中应尝试设计促进概念建构的学习工具，用"有结构的材料"解决"用什么建构"，用"探究记录单"解决"怎样建构"的问题，使学习工具实现从"一个概念的建构"到"一类概念的建构"的迁移应用，让学习工具更具普适性和融合性。

二、促进概念建构的学习工具设计的原则

《课程标准（2017）》指出：小学科学课程倡导以探究式学习为主，探究式的学习方式有利于科学概念的理解。课标中还指出，活动手册（探究记录单）是将探究式学习方式落实于课堂的基本保证，通过"有结构的材料"为学生提供探究的载体。因此，本文所说的学习工具，具体指小学科学学科中"有结构的材料"和"探究记录单"。所谓"有结构的材料"，是指教师经过精心设计的典型材料的组合，其重点在"结构"，即某种材料组合在一起的关系或意义。这

种组合既要遵循学生的认知逻辑，更要能揭示某个概念或原理，使学生在对材料的探索中逐步建构概念。所谓"探究记录单"，是指针对概念的特点及类型，遵循进阶理念，可视学生思维的过程，促进概念建构。

（一）以培养学科核心素养为价值取向

概念建构过程的核心是引导学生将学习重点从记忆事实转移到理解某类科学事实的总体特征和规律。学习工具的设计，要充分发挥"转移"的功能，促使学生积极参与概念建构的过程，并能运用已经生成的概念触类旁通，重新建构知识，进而在新情境下解决真实的问题，实现对知识结构的深层理解，于无痕中实现学科核心素养的培养与提升。

（二）以学生立场为设计基点

学习工具是学生开展探究活动、表达交流、评价反思的支架，具有引领、导向与评价等功能，要确保这些功能的发挥，一个重要的前提是基于学生的立场进行设计，即学习工具的设计要贴近学生的最近发展区，以学生的认知水平为基础，同时还要具有操作的可行性、思维的进阶性。

（三）以撬动学生思维发展为设计根本

学习工具作为一种工具，其最大的价值在于撬动学生的思维发展。因此，学习工具的设计，一是开放学生的思维空间与思维方式，使学生能借助学习工具充分调动生活经验，多视角、全方位地思考与解决问题；二是要体现思维的进阶性，依据不同学段、不同年级、不同探究活动的进阶性水平要求，促使学生由探究技能逐渐发展为探究能力，进而发展思维能力。

三、促进概念建构的学习工具设计策略

基于小学科学学习特点，促进概念建构的学习工具设计策略主要包括"有结构的材料"和"探究记录单"两大项，其中有结构的材料设计策略又包含基于材料"本质内涵"、基于材料"心理内涵"两大项；探究记录单设计策略包含基于思维可视化、基于进阶理念两大项。

（一）"有结构的材料"设计策略

材料是为学生的探究活动服务的，它能激发经验，能帮助学生获得概念、

揭示现象、发现规律。因此，材料既要反映科学概念，又要体现学生探究过程的需要。有结构的材料设计归根结底取决于科学问题或原理，教师需要做的是把握科学内涵，提升将科学概念或原理转化为可观察的现象或过程的能力。

1. 基于材料"本质内涵"的设计策略

"有结构的材料"的基本要求是：科学概念或原理寓于材料之中，也就是材料本身包含着科学概念或科学原理，或科学概念或原理隐藏于材料中，学生通过操作材料发现其中的概念或原理，这是材料"结构"的本质内涵。基于这一本质内涵，可将其具体细化为"材料自身'作为概念'"和"材料作为概念载体"两大设计策略。

（1）材料自身"作为概念"的设计策略

当有些材料自身直接作为概念时，往往会是一个"迷思"概念，这种"迷思"甚至是顽固不化的。如何紧紧抓住概念的特征进行有结构的材料设计，修正学生的"迷思"就显得至关重要。基于此，提炼出的设计路径如图4-4-1所示。下面以生命科学领域《植物的茎》一课为例，进行具体说明。

图4-4-1　材料自身"作为概念"的设计路径

第一，分析概念内涵，明确概念特征。

在进行《植物的茎》一课的教学时，为了引领学生建构茎的概念，教师要明确茎这一概念的内涵：茎，即叶和根之间的部分，茎上有节，节上能长叶和芽。也就是说，茎上有节，节上能长叶和芽是"茎"这个概念的关键特征。现实情况是，大自然中的"真茎"很多，"伪茎"也很多，很多"伪茎"往往被成人当作"真茎"来谈论。学生对茎的认识说明了一个问题，即对茎的关键特征的认识非常模糊。要想建构这样的概念，就需要多种茎，并让这些茎"有结构"。

第二，抓住概念的关键特征。

上课时教师设计第一组材料：不同类型植物的茎，包括草质茎、木质茎、直立茎、匍匐茎等，也就是植物茎直接作为概念的例子，确保这些植物茎的特征比较明显。学生通过观察，易于发现茎的共同特征，即茎是叶和根之间的部分，茎上有节，节上能长叶和芽。此时茎的共同特征就成了"茎"概念的关键特征，学生初步建立了植物"茎"的概念。但此时概念的建立还不稳固，需要设计"变例"与"反例"的材料，来进一步建构概念。

第三，多重分析"变例"与"反例"。

教师设计第二组材料，选择一些特征不十分显著的植物的茎以及变态茎（如马铃薯、藕等），即茎概念的"变例"；第三组则设计包含一些植物茎的"反例"，比如一些植物的叶柄，却被大家误认为是茎的"茎"（比如芹菜，人们平时食用的被误认为是茎的部分，其实是叶柄；比如人们吃的是大白菜的叶子，平日看到白色的俗称菜帮的部分，是白菜的叶柄等）。这两组"变例"与"反例"材料的设计，一是有利于学生巩固茎的关键特征，二是有利于学生依据茎的关键特征提升观察能力，三是在对茎"反例"的辨析中加深对茎关键特征的认识。

以上三组材料，都是以材料自身作为概念的例子，通过材料"结构性"的设计，丰富学生对茎概念的事实性认知，不断清晰地认识茎概念的特征，在经历事实感知到抽象的过程中建构茎的概念。

（2）材料作为"概念载体"的设计策略

在有些探究活动中，材料本身不是研究的对象，但能作为概念的载体，此时需要分析所涉及的科学概念的属性，依据概念属性的特点设计或选择相应的材料，基于材料设计进阶性活动，进而建构概念。基于此，提炼出的设计路径如图4-4-2所示，下面以物质科学领域《空气阻力》一课为例，进行具体说明。

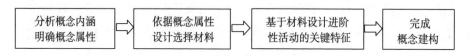

图4-4-2 材料作为"概念载体"的设计路径

第一，分析概念内涵，明确概念属性。

在《空气阻力》一课的教学中，为了引领学生建构这一概念，首先教师要明确这一概念的内涵。空气阻力，是指空气对运动物体的阻碍力，是运动物体受到空气的弹力而产生的。物体在运行时，由于前面的空气被压缩，两侧表面与空气的摩擦以及尾部后面的空间成为部分真空，这些作用所引起的阻力。通过对概念内涵进行分析，能明确空气阻力与物体运动的速度、横截面积以及物体外形等因素有关，即明确了概念的属性。

第二，依据概念属性，设计或选择材料。

基于空气阻力概念的属性，设计或选择一种材料作为活动的对象，设计或选择材料的主要原则有三个：一是要与学生的生活经验紧密相关，便于学生充分利用生活经验逐步形成新的认知；二是材料本身要简单且易于操作；三也是更重要的一点是，确保这种材料能充分承载并体现概念的属性，比如易于改变运动的速度、易于改变横截面积、易于改变外形等。基于此，从众多材料中选择了"纸"这一材料作为空气阻力概念建构的载体。

第三，基于材料设计进阶性活动。

紧紧围绕空气阻力概念的属性，教师用纸这一材料设计了两个进阶性活动。第一个活动是"怎样把纸扔得更远"，在扔纸过程中，学生比较容易体验到空气阻力的作用，有的学生把纸揉成团发现纸扔得更远，初步有了空气阻力概念的感觉。第二个活动"改变纸张下落快慢"，因为材料设计和选择的最优性，学生非常容易地通过改变纸张的大小、形状以及运动速度等，来改变空气阻力的大小，进而实现纸张下落快慢的改变。此时纸的"轻重"和"形状大小易改变"的属性与空气阻力的关系，使纸成为空气阻力概念建构的良好载体，空气阻力概念成功建构。

2.基于材料"心理内涵"进行设计的策略

材料的设计和选择既要符合获取科学概念或原理的需要，还要有利于满足学生探究过程中的需求，也就是学生的认知需求，这是材料"结构"的心理内涵。遵循着这一心理内涵的要求，设计时需要遵循的提炼策略，如图4-4-3所示。

图4-4-3 基于材料"心理内涵"进行设计的策略

以物质科学领域《斜面》一课的教学片段为例，进行分析：一位教师在引领学生建构斜面的概念时，用一块木板和支架搭了一个斜面，给学生一个书包，要求学生先直接用手把书包抬高，再通过斜面把书包抬高放到桌面上，比较操作后的结果，学生通过比较，感受到用斜面费力。

（1）分析概念内涵

"斜面"概念的内涵：抬起木板的一端形成的斜坡，就是一种简单的机械；

斜面具有省力的作用，坡度越小越省力。从上述片段中能发现，教师基于概念内涵选用了"木板、支架、重物"这样的材料，但为什么感受到费力？

（2）基于认知需求，设计选择材料

《斜面》属于典型的探究课，探究式教学强调学生要主动发现，因此材料的设计和选择应当考虑学生认知、发现的需要，才有利于学生在操作过程中发现问题、概念和规律。上述片段中教师选用"书包"作为重物，由于书包不是很重，再加上摩擦的因素，两次用力的"差异"不显著，让学生得出了相反的结论。究其原因，教师在设计选择材料时，未基于学生的认知需求，不符合学生的认知规律，因此与结果背道而驰。

（3）基于材料操作发现概念和规律

将重物书包改为大桶水，让学生体验到直接把大桶水搬到桌面上非常困难，通过斜面比较容易实现，至此有了正确的发现。由此可见，材料的设计和选择在符合获取科学概念或原理的需要的同时，一定要符合学生的认知需求，才能在"发现"中建构正确的概念。

（二）"探究记录单"的设计策略

促进学生概念建构的策略，从学习角度看，是设计和选择有结构的材料促进学生发现问题、解决问题进而习得概念的过程；从教学角度看，需要的是激活学生的经验，引发学生认知上的冲突，促进学生组织经验，完善或重组知识结构。而后者学生的经验、冲突、知识结构需要一个学习工具将其外显，这个外显的学习工具即探究记录单。

1.基于"思维可视化"的设计策略

建构主义认为，学生的概念学习是一个概念发展的过程，必须依靠学生原有的前科学概念，通过概念转变和重建，形成更加精确的科学概念。利用探究记录单暴露学生的科学概念，可视学生的思维，进而重建概念，是一种有意义的学习，能促进学生思维的真正发展，达成发展学科核心素养的目的。

（1）暴露前概念的设计策略

脑科学研究表明学生在接触到新知识时，总是试图用已有的知识结构和思维方式去理解它，有时甚至会改变新知识的含义，派生出许多形形色色的偏离了科学概念的想法，教育理论上称之为前概念。因学生的前概念隐蔽性极强，教学中应首先将其充分暴露，以设计相应的转变策略，对概念建构有重要的指导作用。

例如，在教身体结构概念时，一位教师设计了"画身体结构"的探究记录单，将学生对身体结构认识的前科学概念进行充分暴露：有的学生没有认识到颈部也应该是身体的一部分，有的学生只是将躯干部分统一称为身体，没有认识到手和脚也属于身体的一部分，有的学生将下肢称为脚或腿……教师针对学生对身体结构存在的错误前概念，找准教学的出发点，为科学概念的建构铺平了思维发展的道路。

（2）可视思维过程的设计策略

概念建构最终的目的是促进学生思维的发展，在同一个概念的建构过程中，需要若干"具体的活动"做铺垫，每一具体活动中学生的思维发展状态都将成为决定下一个活动如何开展的起点。由此，及时将学生具体活动中的思维可视，形成证据，将对概念的建构起到积极有效的导向与支撑作用。

①可视自然现象形成过程的设计

在教"地球与宇宙"领域自然现象形成原因的概念时，需要通过模拟实验再现自然现象的形成过程，如"雨、雪、雾、云"等天气现象的形成；再现天体运行的规律，如昼夜交替、月相变化规律等。教师在引领学生做模拟实验进行现象、规律观察的同时，要通过记录单的设计，将现象、规律形成过程中的具体现象进行记录。

例如，在建构"雨的形成原因"概念时，本着再现自然现象形成过程的原则，对探究记录单做了如下设计，如表4-4-1所示。这样的设计一方面便于"监测"学生的观察过程，尽可能确保观察活动的质量，另一方面通过现象利于引发学生的思维过程，更重要的也是为学生建构雨形成原因的概念提供思维上的支架。

表4-4-1　《雨的形成原因》探究记录单

观察任务	重点观察冰盘底部的现象，用自己喜欢的方式记录				
观察现象					
	1分钟	2分钟	3分钟	4分钟	5分钟
思考	小组讨论："雨"是怎样形成的？				

②可视概念建构过程的设计

在教学概念的特征等相关概念建构时，往往需要通过探究活动推动思维的发展，进而实现概念的建构。如物质科学领域中物体的特征、材料的性能等；生命科学领域中动物植物的特征、人体各系统的特征等。教师在引领学生开展相应探究活动的同时，要通过记录单的设计，将学生探究的方法、现象等进行记录。

例如，在建构"铁与铁锈不是同一种物质"概念时，本着用更多元的方法发现、分析的原则，设计的探究记录单如表4-4-2所示。这样的设计，避免了学生囿于固有方法探究固有结论的狭窄化思维，将探究的方法与结果进行了"留白"，使学生在"大材料观"的引领下，经历"发散思维—自选材料—操作观察—对比分析—得出结论"的多元探究研讨的过程，促使学生的思维逐步走向深入，概念被深度建构。

表4-4-2 《铁与铁锈是不是同一种物质》探究记录单

物质 \ 方法/现象				
铁				
铁锈				
思考：我们小组一共用了_____种方法，观察到铁和铁锈_____。				

③可视实验思维过程的设计

《课程标准（2017）》倡导：以探究式学习为主要的学习方式，促进学生主动探究。实验对科学探究有至关重要的作用，但只有当实验与"思想"相结合的时候才有意义。由此，在重视实验的同时，必须通过记录单的设计使学生的思维过程可视。

例如，在探究"空气的热胀冷缩"实验中，学生将套有气球的锥形瓶分别放入冷、热水中，观察到当把它放入冷水中，气球瘪瘪的，当放入热水中，气球鼓了起来。通常情况下，很多教师进行到这儿就直接带领学生得出结论。但是有一位教师本着实验过程中应有充分的思维过程的原则，设计的探究记录单如图4-4-3所示。基于可视思维过程的设计，能使学生用最擅长的方式形象地展示对"气球为什么鼓起来"的原因的分析，在"可视思维过程—碰撞交流—修正概念—形成概念"的进阶性思维发展过程中，实现了概念建构。

表4-4-3　"空气的热胀冷缩"探究记录单

环境	现象	环境	现象
套有气球的锥形瓶放入冷水		套有气球的锥形瓶放入热水	
在冷水中瓶内的现象		在热水中瓶内的现象	

2.基于进阶理念的设计策略

《课程标准（2017）》三大突出变化分别是：用大概念构建课程内容框架、基于学习进阶设计课程内容、基于思维的科学教学。基于学习进阶设计课程内容，就是体现概念的进阶性，而概念建构中离不开思维的发展，思维的发展又会进一步促进概念的建构。探究记录单作为思维呈现的载体，更是义不容辞地要遵循进阶的理念进行设计。

（1）基于概念进阶的设计策略

概念的形成是一个不断进阶的过程，对同一个概念可能要经历不同学段、不同单元，甚至同一节课中从具体概念到抽象概念再到具体概念的非线性循环过程，唯有此，学生才能从中不断丰富、深化对概念的理解。

第一，分析概念进阶的特点。研读《课程标准（2017）》四大领域科学知识的学段目标，可知1～2学段目标主要是认识具体事物的外部特征，科学概念发展处于现象、事实水平；3～4学段目标主要是知道性能、作用、分类、条件、原因、规律等，科学概念发展处于共性、规律水平；5～6学段目标主要是了解事物的结构、功能、变化和相互关系等，科学概念发展处于关系、原理水平。明确了这个普适性规律，便于我们更合理、有效地设计促进概念建构的探究记录单。

第二，提炼探究记录单的设计路径。基于概念进阶特点，纵向地梳理出同一个概念在各学段的进阶式分布，依据各学段概念的特点及发展水平，明确概念建构的活动类型，进而确定探究记录单的设计框架和要素，完成探究记录单的设计。提炼出基于概念进阶的探究记录单的设计路径，如图4-4-4所示。

图4-4-4　基于概念进阶的探究记录单设计路径

第三，设计基于概念进阶的探究记录单。基于概念进阶的探究记录单的设计路径，以"地球被一层大气圈包围着"概念为例，设计的探究记录单如

表4-4-4所示。通过这样的设计，学生经历的是从"对一般概念的认识"，到"对基本概念的理解"，最终再到对核心概念逐步建构和深化。

表4-4-4 "地球被一层大气圈包围着"概念探究记录单

学段	具体概念	概念特点	概念发展水平	活动类型	探究记录单设计
1~2	知道有阴、晴、雨、雪、风等天气现象；描述天气变化对动植物和人类生活的影响。	认识具体事物的外部特征。	现象事实水平	观察	二年级《多样的天气》
3~4	使用气温计测量气温，描述一天中气温变化的大致规律；利用气温、风向、降水量等可测量的量，描述天气；知道气候和天气的概念不同。	知道性能、作用、分类、条件、原因、规律等。	共性规律水平	观察观测	三年级《一天的天气》 年 月 日
5~6	描述雾、雨、雪、露、霜等天气现象形成的原因。	了解事物的结构、功能、变化和相互关系等。	关系原理水平	模拟实验	五年级《雨的形成原因》

以上是以学段概念间的进阶为例进行记录单设计策略的呈现，概念的进阶，除了学段间的概念外，还有单元间概念、课时内概念，都可遵循概念进阶的策略进行探究记录单的设计，以实现概念建构。

（2）基于思维能力进阶的设计策略

从概念形成的思维路径看，概念可分为通过感官感知的具体概念和需要通过认识抽象意义获得的抽象概念两大类，不同的概念形态需要不同的思维水平。既然概念是进阶的，那么与之对应的思维能力也势必呈现进阶性。

第一，分析思维能力进阶的特点。通过对皮亚杰的认知发展理论分析可知，一般而言，1～2学段的学生以具体现象思维为主，学习的大多数是事实性知识，主要利用感官观察事物以形成具体概念；3～4学段的学生表现出初步的抽象思维能力，能够对观察到的事物、现象进行分类和归纳，能够学习一些规律性知识，形成初步的抽象概念；5～6学段的学生抽象思维初步形成，逐步发展到判断、推理和解释，可以学习原理性知识。这样一个思维发展规律，让我们能提炼促进思维能力发展的探究记录单的设计路径。

第二，提炼探究记录单的设计路径。基于思维发展规律，依据学习的知识类型，明确须着重发展的思维能力，进而确定探究记录单的设计形式和具体内容，完成探究记录单的设计。提炼出基于思维能力进阶的探究记录单的设计路径，如图4-4-5所示。

图4-4-5　基于能力进阶的探究记录单设计路径

（3）设计基于思维能力进阶的探究记录单

在基于思维能力进阶的探究记录单的设计路径的基础上设计的探究记录单如表4-4-5所示。通过这样的设计，能有效地帮助学生发展各阶段的思维能力，既能体现概念建构的思维过程，也能呈现概念建构的表达方式，更关键的是切实发展了学生的思维能力，对提升学科核心素养至关重要。

表4-4-5　基于思维能力进阶的探究记录单

学段	思维发展规律	学习知识类型	着重发展能力	选择记录形式	探究记录单设计	设计价值
1～2	具体形象思维为主	事实性知识	感官观察	观察图维恩图简单表格	我知道瞳孔的样子（画一画）	利于简洁记录
3～4	初步的抽象思维能力	规律性知识	观察基础上总结规律	实验表格、统计图表	温度℃ 100 90 80 70 60 50 40 30 20 10　开始　3分钟　6分钟　9分钟　12分钟　15分钟　18分钟　21分钟　水烧开时的温度是：___℃，水烧开后继续加热，温度会（上升/不变）水烧开后水量（不变/变少），原因是：	转换数据表现形式，便于更好地分析规律，得出结论

续表

学段	思维发展规律	学习知识类型	着重发展能力	选择记录形式	探究记录单设计	设计价值
5~6	抽象思维初步形成	原理性知识	设计实验、收集和处理数据、分析性质、解释原因	开放空间自主设计	提出问题 / 作出假设 / 制订计划：思维导航：1.当假设的影响因素不止一个时，应该设计成什么实验？2.实验时应该控制哪些条件不变？（用喜欢的方式进行表达，可写可画，来表达你的想法）/ 表达交流：要求：小组内先交流，按一二三四号的顺序，然后相互提问，了解其他人的想法，推荐代表全班交流	自主设计可视思维研讨交流促进思维发展

四、总结与启示

有结构材料、探究记录单两大学习工具的设计，能够促使学生在事实感知与自身认知结构之间建立有效联系，在亲历知识发现与运用的过程中，推进学习思考，生成学习成就感，化"接受知识"为"实践思维"，保障概念有效建构。在具体实施过程中，需要注意学习工具下放的时机，把握下放的程度，关注学习信息的真实度，引导学生运用思维方法揭示规律，直指本质，充分发挥学习工具促进概念建构的效能，达成目标。

第五节　促进概念建构的评价量规的开发与使用策略

随着我区"区域推进指向核心素养的'教—学—评一致性'的实践探索"课题研究不断推进，在前期"解读课标、研制目标""基于核心目标设计评价任务""基于教学目标和评价设计学历案""开发课堂观察量表"研究的基础上，本学期我们又迈入了"表现性评价"的研究阶段，逐渐地对表现性评价有了深入的理解。从结构上看，表现性评价是由评价目标、表现性任务以及评价量规三个核心要素组成。全区科学教师进入表现性评价研究领域后，发现有了阶段性成果，更有亟须改进的地方。

一、评价量规的开发与使用现状

在我区近一个月的教学视导活动中能欣喜地看到，科学教师对表现性评价的研究意识与行动有所增强，课堂上几乎都有表现性评价的影子，但是由于是初步迈入这个领域，对表现性评价尤其是其中的"评价量规"这一要素的理解，还存在着诸多问题。现摘取三位教师在二年级下册第13课《动物的翅膀》、第11课《动物的皮肤》以及第15课《圆珠笔的秘密》三课中设计的评价量规，如表4-5-1、表4-5-2、表4-5-3所示。

表4-5-1　"探究鸟的翅膀怎样适应环境"评价量规

等级　　　维度	☆☆☆	☆☆	☆	自我评价
探究方法多样性	三种方法及以上	两种方法	一种方法	
羽毛特点多样性	三种特点以上	两种特点	一种特点	

表4-5-2　"探究鱼表面黏液的作用"评价量规

等级　　　维度	☆☆☆	☆	小组自评
实验操作	①先用手抓一抓气球 ②涂适量洗手液 ③再用手抓一抓气球	①涂洗手液之前没有用手抓气球 ②洗手液过少	
观察现象	能对比气球表面前后的感觉并组内交流	没有对比，交流随意	
材料整理	能用毛巾把手擦干，并把材料放回原位	没有擦干净或者没有整理实验材料	

表4-5-3　"探究滚珠的作用"评价量规（节选）

等级　　　维度	☆☆☆	☆	小组自评
实验操作	能正确制作笔尖并加入适量墨汁	能正确制作笔尖墨汁过少或少量	（　　　）颗星

通过以上评价量规能看出，教师是基于与核心目标匹配的表现性任务而设计的评价量规，设计的初衷都是直指核心目标的建构与形成。但是上述评价量规研制的质量参差不齐，其研制背后反映出的是教师对评价量规到底是什么、

起到什么作用、价值何在等的不理解，最终核心目标的达成效果可想而知。

再把目光追忆到课堂中评价量规的使用上，有的教师在活动前把评价量规发到学生手里，也带领着学生一起认识了评价量规，但是活动中学生和评价量规"我行我素"，甚至到下课时评价量规仍然被束之高阁，貌似评价量规从来没出现在课堂中；有的教师在引领学生使用评价量规进行评价时，学生千篇一律地都自我（或小组）评价到了最高等级，教师只是统计了评价的结果，没有对评价过程及评价标准进行关注，只是为了结果而设计评价量规；还有的教师在某个活动结束后，组织学生拿出评价量规，对照着上面的内容逐项进行自我评价或小组评价，没有发挥出评价量规本应有的引导、激励、促进学生学习的作用……系列问题的暴露，让我们不得不对评价量规是什么以及如何研制与使用，进行重新理顺。

二、评价量规是什么

评价量规形式多样，可以是针对一节课而做的整体性评价量规；可以是针对某个活动而做的局部评价量规，如实验方案的设计；还可以是基于与核心目标匹配的表现性任务而设计的具体环节评价量规（即上述呈现）。评价量规的制定者，可以是教师，可以是学生，更可以是教师和学生协同。无论采用哪种形式，评价量规的本质都是描述和标准相关的、期望学生达到的表现水平，告诉评价者应该在学生的学习过程中寻找什么特征或标志，以及怎样根据事先制定好的规则评价学生的学习活动。换句话说，评价量规是一个真实的评价工具，同时也是一个有效的教学工具，是连接教学与评价之间的重要桥梁。

通过以上评价量规可看出，基于与核心目标匹配的表现性任务而设计的评价量规，更适合小学科学学科低年级大概念的建构。下面，我将重点结合学科研究方向，对上面三个评价量规的研制与使用情况进行剖析，对评价量规的研制与使用，做初步说明。

三、如何研制评价量规

一个完整的评价量规主要包括表现维度、表现等级和描述符三部分，表现维度呈现了这个"表现"最关键的组成要素，表现等级是指描述"表现"在质量上从差到好的序列，描述符描述了各个等级上"表现"质量的具体指标。

（一）确定评价量规的表现维度

表现维度，也可以称作"指标"，是确保学生"表现"的最重要部分。确定表现维度时，需要从以下三方面进行考虑。

首先，要基于课程标准，结合具体的活动进行确定，每一个维度要能真正地促使活动达成。以"探究鱼表面黏液的作用"评价量规为例，要完成这个探究任务，需要从哪几方面确定表现维度？材料整理算不算活动达成的一个维度？再如"探究滚珠的作用"评价量规，要探究滚珠的作用，把"实验操作"这样一个活动环节作为其中一个表现维度，其有效性何在？

其次，表现维度无须而且不应包含对表现水平的描述，如"探究鸟的翅膀怎样适应环境"评价量规的表现等级中，探究方法、羽毛特点可作为维度，但是"探究方法多样性""羽毛特点多样性"则不属于，"多样性"是表现水平的描述。

最后，还要考虑维度之间的结构关系，是并列结构适合，还是递进关系更恰切，确定的维度是否更适合核心概念建构？还以"探究鸟的翅膀怎样适应环境"评价量规为例，探究方法与羽毛特点是什么样的关系？探究方法无非是掂一掂、剖开羽毛以及往羽毛上滴水，羽毛特点即是通过以上方法探究得出的——比较轻、中空以及不沾水，重新审视这两个维度的确定价值与意义有多大？

（二）设计评价量规的表现等级

表现等级，是指描述行为表现在质量上从差到好的序列。从表现等级用语上看，用于描述表现等级的词语应当得体且明确，多以肯定、生动的动词描述对学生的期望，可缓解最低等级可能给学生带来的"打击"。除了上述三个评价量规采用的是星级分等的方式表现等级或水平，还可以用数字（如1、2、3、4、5）、字母（如A、B、C、D、E）或高中低之类的文字进行描述。实际教学中我们完全可以结合学科及学段的特点，尤其是结合日常教学对学生的评价来进行等级词语的确定，比如有的老师日常教学中实行军衔评价，那这个评价量规的表现等级用语就可以从军衔等级中挑选确定，使评价与教学不至于"各自为政"，而是集各方力量共同形成一个具有足够出击力的拳头，让评价真正为教学服好务，毕竟评价量规从意义上说就是一种评价工具。

从表现等级的级数上看，并没有固定的数量，一般在3~5个级别，像上述第一个评价量规设置的3个级别就是大多数教师认为的最佳级数。正常情况下表现等级不要超过5个，因为级数越多，就越难相互划分并准确说明为什么某个学生的表现属于某一级。表现等级要注重彼此之间的连续性，也就是说等级和等级之间在质量上的差异是相等的，即3分和2分之间的差别与2分和1分之间的差别在程度上是相同的。

（三）撰写各等级表现水平的描述符

描述符是用语言陈述的、达到某一等级或水平的具体表现，描述符应当反映某一水平表现的重要特征。

首先，表现水平的描述要从任务的核心目标出发，直指任务的本质。评价量规"探究滚珠的作用"这一任务的本质，是让学生通过模拟实验认识圆珠笔之所以能写字是因为其有核心结构——滚珠，在描述具体表现时应紧紧围绕着"顺畅书写"这一结构促进功能的核心来撰写描述符，而不应仅仅局限于墨汁的多少。

其次，表现水平的描述应指向学生的思维发展。上述第二个评价量规中第一个维度描述的只是操作步骤，限制了学生的思维，违背了评价量规的价值。而且，其中各维度的描述虽然体现了学生思维的指向，但是太过笼统，只见表面未见实质。

再次，表现水平的描述要充分考虑学情，应用简练明了的语言进行表达，描述的内容要符合学生的实际水平。

总之，研制评价量规时，需要教师对课程标准、任务本身以及学生的前科学概念进行思考。教师要把自己放在学生的位置上，着重思考怎样才能最有效地学习，即有哪些明确的期望、哪些重要的任务以及哪些有帮助的反馈。当教师们不仅善于传达自己的知识和对各项任务的期望，还更善于传达希望学生在完成这些任务中达成的目标时，这种思考就会转换成课堂活动，真学习才会悄悄发生。

四、如何使用评价量规

假定教师对评价量规的表现维度、表现等级以及描述符的制定都是科学的，针对课堂使用时暴露的最突出的三个问题进行分析，并提供解决策略。

问题1：有的教师在活动前把评价量规发到学生手里，也带领着学生一起认识了评价量规，但是活动中学生和评价量规"我行我素"。

问题2：有的课堂在用评价量规进行评价时，学生千篇一律地都自我（或小组）评价到了最高等级。

问题分析及解决策略：问题1和2暴露了一个最本质的问题，学生对评价量规是什么、有什么作用毫无概念，所以要么"视而不见"，要么只看到最高等级，随意进行评价。要想解决这一问题，首先在使用评价量规前，教师要拿出专门的时间带领学生认识评价量规，明确每个等级的意义与价值，让学生真正地了解它，才能走进它，进而实现它的价值。其次，小组中要设专人监控，尤其是小组活动时，避免小组只为活动而活动，忽略了评价量规中暗含的思维引领。

问题3：有的教师在某个活动结束后，组织学生对照评价量规进行自我评价或小组评价。

问题分析及解决策略：问题3反映了一个事实，即教师对评价量规使用的意义没有一个正确的认识。评价量规可以是教师结合任务研制而成的，可以是活动之前与学生共同讨论研制的，无论是哪种形式都需要在活动前将评价量规下发给学生，因为它是学生活动中思维有效性的引领与监控，更是活动有效性的保障。而活动结束让学生对照评价量规进行评价，形式则大于意义，因为学生只是对照着量规内容去评价自己的活动行为，即使发现方向走偏也为时已晚，失去了它本应有的价值。

最后，我想说，评价量规的研制与使用，"不闻不若闻之，闻之不若见之；见之不若知之，知之不若行之"。

第六节　促进概念建构的课程资源开发策略

什么是课程资源？广义上说，课程资源是指有利于实现课程目标的一切教学资源，即课程与教学信息的来源；狭义上说，课程资源是指有利于学科教学活动的各种资源。什么是科学课程资源?《课程标准(2022)》中明确指出:科学课程资源是指有助于进行科学教学活动的各种资源。同时还指出:合理使用这些资源有助于激发学生学习科学的兴趣,提高教学活动的质量,教材编写者、教学研究人员、教师等有关人员应依据课程标准,有意识、有目的地开发和利用各种科学课程资源。

一、科学课程资源开发的背景

小学科学课程是以探究实践为主要活动方式,以科学思维为核心,以科学观念的形成为宗旨,以态度责任贯穿课程教学始终。因为学科的特殊性,不仅要备教材、备学生,更要备材料,无论是引领学生经历探究实践活动,还是发展学生的科学思维,抑或是科学观念形成,都离不开相关的材料,没有材料,我们的探究活动就如纸上谈兵,根本无法进行。在教具、学具、视频以及图片诸多课程资源中,排在首位的能对学生概念建构起撬动作用、对学生核心素养培养起关键作用的就是教具与学具。可以说,一堂探究课的成功与否,材料在其中起着举足轻重的作用。本篇所说的科学课程资源,仅指科学学科的教具与学具。

虽然各学校已经按照国家与省级的相关标准配备了学具,我区在区域层面集中为学校配备了"爱牛"的课时教学配套学具,很多教师也会因为个人需求大量地购买很多学具,但是随着课程改革的不断深化,随着《课程标准(2022)》理念的不断更新,更是因为撬动课堂变革的急切需求,配备、购买的学具已无法满足当下课堂教学中学生深度的探究与实践,因此,根据课堂教学实际需求开发课程资源就显得非常迫切。

《课程标准(2022)》中明确指出:教育行政部门和学校应加大经费投入,每所学校必须建立科学实验室和仪器室,按国家有关标准配备能满足科学教学要求的实验设备和器材,保证实验耗材和自制教具、学具的经费。下面先不谈论经费的问题,只谈论自制教具与学具开发科学课程资源。

二、科学课程资源开发的原则

按照《课程标准(2022)》对课程资源开发与利用的原则要求,结合实际的小学科学课堂教学现状,经过不断的探索,总结出适合科学课程资源开发的原则，具体如下。

（一）要符合课程标准要求

课程标准代表着国家的意志，刚性地规定了教与学的内容与方向。因此，教具与学具的开发首先要基于课程标准，在教具与学具开发前，需要将相应的教学内容与课程标准进行对接，梳理出课程标准中对应的内容要求、学业要求以及学业质量标准，然后相应地分解细化，使课程标准要求"看得见""做得了"，即将"云端"的要求"落地"。在此基础上进行教具与学具开发，确保开发的教具与学具符合课程标准要求。

（二）要充分发挥学生的主体作用

学生是课堂学习的主体，无论是教具还是学具，最终的使用者、受益者都是学生，因此，在课堂教学中要充分发挥学生的主体作用，比如对身边易取的或者是容易改造的，充分发挥学生的力量进行找寻与改造；对身边不易取或者是不容易改造的，借力市区科技节等赛事，为学生提供相应的主题或方向，鼓励学生进行制作，在收获成就感的同时也为课堂教学提供了学具样例，一举多得。

（三）要贴近学生的最近发展区

学生学习的实质，是由未知或者是一知半解达到应知的过程，因此制作的教具或学具要能贴近学生的最近发展区，能够让学生调动生活经验进行操作，能够促进学生思维发展。因此教具/学具的制作要本着简约但不简单的原则，要符合学生的年龄与认知特点，符合思维发展过程，可操作性要强。

三、科学课程资源开发的策略

在实际的课堂教学实践中，教具与学具开发的策略有很多，比如基于核心目标进行开发，基于教学难点、堵点的破解进行开发，基于"一具多用"进行开发等，下面分别进行具体说明。

（一）基于核心目标进行开发

小学科学学科以13个核心概念、4个跨学科概念架构成学科课程内容，在开发教具与学具时一定要基于概念下的学习目标进行，即始于目标并终于目标。

下面以青岛版小学科学三年级上册《太阳和影子》一课为例，进行具体说明。

1.基于课程标准、教材与学情，确定核心目标

通过研读课程标准，首先找到本课对应的学习内容：观察并描述在太阳光照射下物体影长从早到晚的变化情况；然后找到学业要求：能在教师引导下，观测和归纳一天中物体影长的变化情况；再通过对教材及学情进行分析，综合确定本节课学习目标；最后从中抽取出核心目标：通过模拟太阳在天空中的运动引起物体影子的变化，描述出一天中阳光下同一物体影子的变化规律。

2.分解目标中的行为条件，确定教具与学具的开发点

（1）抽取行为条件。这一步非常简单，从核心目标中抽取出行为条件，即模拟太阳在天空中的运动。

（2）分解行为条件。这一步非常重要也非常关键，即如何模拟太阳在天空中的运动？通过对"行为条件"分解可知，要想有效实现这一行为，需要从三方面考虑：一是模拟什么，二是用什么模拟，三是怎样模拟。第一方面比较简单，模拟的是太阳在天空中的运动，首先要知道的是一天中太阳在天空中是怎样运动的（在这里不展开说明）；第二方面更简单，用手电筒模拟；第三方面是关键中的关键，要模拟太阳的运动一是需要有太阳运动的"轨道"，二是要实现太阳沿着轨道运动。

（3）确定教具与学具的开发点。通过以上分析可知，这一课教具与学具的开发点是制作太阳运动的轨道。

3.基于开发点进行教具/学具的开发

（1）寻找材料。通过对教材、学情的综合分析，确定了以下几种材料，并裁割成相应长度：①周长为240cm的铁板底座1个；②长度为127cm的轨道两根；③小手电筒1只；④140cm的可折叠支架1根；⑤137cm的可折叠支架1根；⑥127cm的固定支架2根；⑦26cm×127cm的布料2份；⑧10cm长的小铁棍一根。

（2）开始制作。制作共分三步：首先做轨道。用周长为240cm的铁板做底座、127cm的两根铁条做轨道、127cm的两根铁丝做固定支架、140cm与137cm的两根铁丝做可折叠支架，底座中间固定小铁棍以模拟阳光下的物体，在轨道中间装上一只手电筒模拟太阳，如图4-6-1所示。

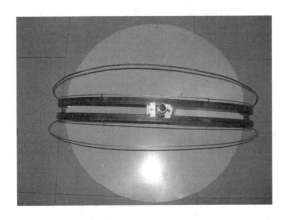

图4-6-1　"太阳"模拟轨道

其次，做遮光。在前、后两面的固定支架与可折叠支架之间各缝上一块布，做遮光用。不需要遮光时，即可将折叠支架折上去，用夹子固定。

再次，统一方向与位置。为确保所有学生对方向与物体的位置有共同的话语体系，在底座上标明方向，并将观察的物体固定其中。最终做好的教具与学具如图4-6-2所示。

图4-6-2　《太阳和影子》教具/学具

4.具体操作方法

使用这套装置时，先将轨道两边的折叠框放下来，按一下手电筒尾部的开关，将手电筒打开，通过移动手电筒，模拟太阳在空中一天的运动，即可清楚地看到一天中"太阳"的运动引起物体影子变化的规律：早晨物体的影子比较长，随着时间的推移，物体的影子越来越短，到了中午物体的影子最短，下午物体的影子又慢慢地变长。"地面"上标明了东西南北四个方向，目的是让学生更清楚地观察到太阳在天空中的不同位置引起物体影子处于不同方位，即早晨太阳在东面，物体的影子在西面；中午太阳在南面，物体的影子在北面；傍晚，太阳在西面，物体的影子在东面，也就是说，太阳的位置和物体影子的位置正好相反。至此，本课概念成功建构。

5.创新点

（1）考虑到我们处于北半球，所以模拟太阳行经路线的轨道设计在赤道稍微偏南处，物体的影子在北面。如果把这个教具放在南半球进行演示，只需要把"大地"中表示南北方向的标签贴在相反的方向即可。

（2）之所以设计伸缩框，是为了避免室内光线太强，物体的影子观察不清楚，还需要拉上窗帘遮光这一麻烦的过程，有了这个伸缩框，很好地起到了遮光的作用。

（3）之所以在轨道两边都设计伸缩框，是为了便于教具两边更多的同学通过模拟实验同时进行观察，在非常具有实用性的同时又能省去一节课中制作多个教具的麻烦，可谓一举多得！

综上所述，基于核心学习目标开发的教具/学具投入课堂教学中，最终能有效地达成学习目标。

（二）基于教学难点破解进行开发

教具与学具开发，如果能用到迫切处，就能将其作用发挥到最大。在探究实践活动中，往往会有某个或某些现象是通过常规材料观察不到的，这个时候就需要基于难点开发相应的教具与学具进行破解，当"可视化"了想要的现象后，难点不攻自破。这种开发，我们称之为始于难点而终于难点。下面以青岛版小学科学三年级下册《纸的秘密》一课为例，进行简要说明。

1.基于教学实践，发现教学难点

在《纸的秘密》一课教学中，为更好地建构概念，我从众多的纸中精心选择了牛皮纸、拓印纸、宣纸、餐巾纸、卡纸五种大小相同又有代表性的纸，引领学生围绕纸"吸水性不同"这一特点设计了"滴水""挤水""水上升"三个实验方案来比较不同纸吸水性的不同。

"滴水"这一实验，实验室中有滴管，使用时只要掌握好需要注意的事项便可：同时往五种纸上滴水，并且滴数要一样，这个实验就可成功；可"挤水""水上升"这两个实验没有相应的学具，但探究纸"吸水性不同"这一特点既是本课教学中的一个重点，又是难点。

2.基于教学难点，进行教具与学具开发

如何落实这一重点、突破难点，保证实验的顺利进行？我曾选择过很多学具（不论是实验室中的还是从外校借用的），也进行过多次尝试，但效果都不明显，可以说都以失败告终。到底怎么做才能让这个实验顺利进行，学生才能看到明显的效果？我陷入了深思之中……既然已有的学具这么不"配合"，那还不如自己动手制作。想到这里，我不再埋怨学具的不到位，而是从一个新的角度出发，结合学生实际，又紧紧围绕这两个实验方案的设计，动手制作。

（1）简易"水上升"装置

设计"水上升"这一实验方案，目的是让学生把五种同样大小、不同种类的纸同时放在水中，通过观察水在纸上上升的快慢判断出纸吸水性的强弱。学生设计实验方案时能考虑到进行这一实验的关键，即要把五种同样大小、不同种类的纸同时放入水中进行观察。可就是这一关键点实际操作中不好把握，一个人不可能拿着五种纸往水中放；五个人每人拿一种纸，即便有人统一下达"往水中放"的命令，五个人也很难做到"同时"，针对这一现象，我充分利用废旧木板和五种不同的纸制作了一个简易的"纸吸水"装置。

制作方法非常简单：首先在五种大小相同的纸的一端分别粘上宽度相同的双面胶，然后把它们在木板一端的同一高度处粘好，木板左右两端留有足够的距离。使用时，只需把这个简易装置放在盛有水的水槽中，木板两端便自然地搭在了水槽的边缘，五种纸也自然地"伸"到了水中，整个装置不需要用手拿，也不需要用手扶，只用眼睛观察即可。最终的效果，如图4-6-3所示。

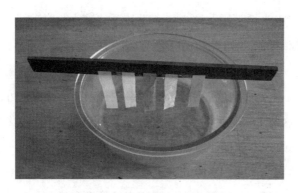

图4-6-3 简易"水上升"装置

实际的课堂教学中我们能发现，利用这个装置来研究纸吸水性的不同，形象直观，效果又非常明显，学生总是在"呀，这种纸吸水性这么强！""水在这种纸中上升得可真慢"的观察中将实验结果成功地探究出来。至今我仍忘不了学生探究时那种喜悦的表情与成功的满足感……

（2）简易"小量筒"

"挤水"这一实验方案主要是让学生把五种不同的纸同时放入水中，同时拿出来，通过比较挤出水量的多少来区分纸吸水性的强弱。因为受纸张大小的限制（用来实验的纸不能过大），如果把纸吸的水挤到烧杯或是量筒等容器中，因烧杯、量筒的体积一般都较大，挤入杯中的水量很难进行区分。针对这一缺陷，我想到了注射器，于是先后找来了10ml、5ml的废旧注射器，将其分别改造成10ml、5ml的简易小量筒。通过尝试发现10ml的小量筒容积还是比较大，所以最终确定为5ml的小量筒。

具体做法：将5ml注射器的针尖去掉，沿着针头处横着切割下来作为"小量筒"的底；把注射器的底去掉，由剩下的注射器体与切割好的底组合起来，便成功制成了一个5ml的"小量筒"。

学生把五种不同的纸吸的水分别挤到了相应的小量筒中，哪种纸吸的水多，哪种纸吸的水少，多多少，少多少，一目了然。这个"小量筒"的制作不但顺利突破了教学难点，更为学校节约了开支，经济实用。

反思这两个简易实验装置的制作，我更深刻地体会到：实验课中要想让探究的效果明显一些，我们不能一味地订购教具，或等待适合本课实验教学的学具出现，更不能草草了事或让学生盲目地进行只有所谓形式上的"探究"，这样只会误人子弟，会误了学生的健康成长，学生的科学素养谈何提高？

开发教具与学具，除了以上策略外，还可以基于单元视角进行开发，基于内容结构进行开发等。在基于课程标准教学的当下，作为教师唯有作为课程资源开发的主动者、积极践行者，才能更有效地提升学生探究活动的质量，才能切实地培养学生科学学科核心素养，为学科育人贡献自己的一份智慧与力量。

第五章　单元视域下小学科学
概念迁移应用策略

科学学科核心素养的本质是培养学生在真实的情境中解决复杂问题的能力，而概念引入、概念建构，其最终目的都是实现概念迁移应用，如果学生能在新的情境中迁移应用已建构出的概念，既对概念进行了巩固内化，又将学生的认知水平推向了一个更高的认知层次，才能实现素养导向的教学，为落实学科育人提供一种可能的路径。因此，本章对单元视域下如何进行小学科学概念迁移应用提供了具体的策略方法。

第一节　单元概念巩固内化策略

概念的掌握不可能一蹴而就，而需要经历从具体到抽象，再从抽象到具体的多轮往返过程。第四章中阐述了单元视域下促进概念有效建构的多种策略，但是我们要明确的是，概念建构只是完成了学生概念学习最核心的部分，要想让学生真正地理解概念，需要运用多种策略引领学生进行巩固内化，达到真正理解，这也是概念迁移应用的"先决"条件。

在日常教学实践中，经过反复探索，初步探索出"梳理概念建构过程、模型制作与应用、单元关键点'前后对比'、上好单元总结课、巧借各种'活动'"等多种策略，以引导学生进行巩固内化，在此过程中发展了学生的思维能力。

一、梳理概念建构过程

在单元概念建构后，要想巩固内化概念，教师们比较认可，使用最多的策略是引领学生梳理概念建构过程。学生在建构概念过程中，思维方法、认知模式往往是初步形成，缺乏一定的系统性与结构性。因此，在单元学习的最后一课，我区教师已形成一种"习惯"，即引领学生梳理概念建构过程，进而以思维导图的形式进行呈现，理解概念之间的关联，达到巩固内化的效果。

例如，青岛版小学科学四年级下册《热的传递》单元共有三课，分别是《热传导》《热对流》和《热辐射》，在最后《热辐射》一课的教学尾声，教师引领学生回顾梳理了整个单元热的传递方式，尤其是每种热传递方式的特点，进而形成以下板书内容，如图5-1-1所示。

热的传递 { 传导：直接接触
对流：相对流动，液体或气体
辐射：不依靠任何物体；向周围发射

能量的转移　　深色物体>浅色物体
共同点：温度高→温度低

图5-1-1 《热的传递》单元思维导图

再比如青岛版小学科学四年级下册第五单元《物质的变化》，根据概念的建构过程，依据课程标准，将本单元内容重组，即本单元由两课组成，一课是《铁生锈》，一课是《防锈技术》。在《防锈技术》一课的教学尾声，教师引领学生回顾了这一单元的内容，并引导学生将内容梳理成有结构性的逻辑关联，在师生共同的梳理下，形成的板书内容，如图5-1-2所示。

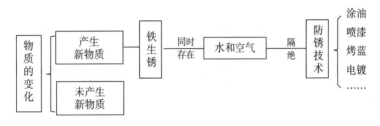

图5-1-2 《物质的变化》单元概念图

二、模型制作与应用

《课程标准（2022）》中将模型建构能力作为"科学思维"核心素养中的重要组成部分，旨在让学生从科学的视角认识客观事物的本质属性和内在规律，经历模型理解、模型建构、模型应用的进阶性过程。如果学生能根据真实事物制作相似的模型，并能利用模型解释真实事物的关系或结构，也是一种有效促进概念巩固内化的方式。

例如，青岛版小学科学四年级上册《食物到哪里去了》一课，在学生初步建构消化系统的结构与功能概念后，教师为学生提供气球、吸管等材料，让学生从中选取合适的材料制作消化系统的简单模型，并能利用模型描述消化系统的结构与功能。如此，学生经历了"模型理解—制作模型—模型应用"的学习进阶过程，进一步巩固了消化系统的结构与功能，加深了对概念的理解。

三、单元关键点"前后对比"

每个单元的学习都有其独有的"关键点"，即学生的迷思点，它的解决能起到对本单元的学习"牵一发而动全身"的作用。为了引导学生建构概念，在单元学习的起始课上，教师往往会运用多种方法抓住这个关键点，让学生充分暴露，之后引领学生经历连续几个课时的概念建构过程，实现单元学习。单元学习结束要想巩固单元概念，可让学生对原有关键点进行"再次暴露"，通过前后对比，不仅教师能捕获到学生的单元学习信息做出教学决策，学生更能通过前后对比，检验自己单元所学，找到与单元学习目标的差距，进而做出学习决策。

例如，青岛版小学科学四年级上册第四单元《消化与呼吸》，学生学习的关键点是我们吃进去的食物是怎么被消化的，基于这个关键点，在单元起始课教师组织学生画"食物在人体内的旅行路线图"，通过展示交流充分暴露学生的前认知，教师基于学生暴露的关键点采取相应的教学决策引领学生建构概念。单元学习结束，教师再次让学生画"食物在人体内的旅行路线图"，引领学生将两次的路线图进行对比，并交流感受。通过对比，学生意识到自己原有认知中的缺陷，有助于他们建立清晰的科学概念，也有助于学生发现学习的意义，从而产生更强烈的学习欲望。

当然，抓住单元关键点进行"前后对比"，不只有画图一种方式，可根据学生的年龄特点以及认知水平采用多种方法，对高年级学生来说，检核表等也不失为一种适合的方法。

四、上好单元总结课

近几年，我区在基于课程标准的大单元教学研究中，不断尝试探索单元起始课、单元探究课与单元总结课的实施。不同的课型在概念建构中的作用各不相同，单元总结课通常是对整个单元概念建构过程进行梳理总结，可以与单元最后一节课融为一体，也可以独立存在，无论是哪种存在形式，其目的是引领学生巩固内化整个单元的学习。

基于单元学习内容，如果单元总结课作为独立存在的一课，那么可说明两点：一是概念建构因单元原课时不足等原因，仍存在急待突破解决的小点，二是这样的课时中教师可提供丰富、典型的材料，引领学生活化概念的理解与运用，直至学生形成正确的认知。

例如，青岛版小学科学四年级上册《电的本领》这一单元，通过单元学习学生知道只有形成闭合回路电才能流通，灯泡才能亮；认识了生活中的导体与绝缘体……在建构概念的过程中发现，学生潜意识中还是会把导体和金属等同，把绝缘体和非金属等同，导致理解上的偏差。于是，在本单元的总结课中，我设计了"明辨是非"活动，有明辨"金属与导体、非金属与绝缘体"区别的活动，学生通过操作发现石墨不是金属，是导体；有明晰"容易与不容易、能与不能"的活动，学生通过操作认识到绝缘体在一定条件下可以转化为导体；有明确"人是否为导体"的活动，学生通过多种方式接触验电球，观察灯是否亮……

整个活动，所有的材料都以材料超市的形式呈现，给学生整块的"探究"时间进行认知的冲击、思维的碰撞……当然，要指导学生巩固概念有一定难度，具体实施时，教师应循序渐进，在已构建概念的基础上逐渐深入，同时教给学生思考的方法、步骤，要舍得花时间让学生充分思考、讨论。

第二节　单元视域下概念迁移应用策略

《课程标准（2022）》提出了各学科的核心素养，何为核心素养？通俗易懂地解释，核心素养是指在复杂的生活情境中解决问题的能力，即能学以致用。那我们追问一下，这个能力从何而来？应是从概念建构过程中培养出来的，学生只有具备了在真实生活情境中解决问题的能力，才可以说学生理解并成功建构了概念。由此可以说，促进概念的有效迁移是概念理解的关键指向。

概念迁移应用通常包含两方面的含义：一是水平迁移，即在类似情境下的迁移应用；二是垂直迁移，即在不同情境下创造性地解决问题。作为教师，可以为学生创建水平迁移和垂直迁移的"场"，让学生的学习能力和过程变得可见。

一、水平迁移

概念的内化，需要通过同类的情境进行反复"练习"。水平迁移就是指概念巩固内化后，在同类情境中运用知识解决问题的过程，这一过程既能加深学生对概念的理解，更能在运用过程中暴露学生在概念理解上的问题，便于进一步修正和深化概念教学。也就是说，水平迁移，迁移是方式，修正是目的。

例如，青岛版小学科学四年级上册第六单元《探索地球》一课，本课要建构的概念是"地球是个不规则的球体"，而学生受长期以来的经验局限，总认为人生活的地球是个平面。如何让学生建构起正确的概念，教师可以借助知识的迁移，引导学生展开想象：像蚂蚁一样小的人，在地球仪模型上行走，是否能看到地球的形状？通过模拟、交流，最终使学生认识到是因为地球太大了，而生活在地球上的人太过渺小，因为无法看到地球的全貌，所以人眼所及之处只能看到是平的。通过这样类似的情境，帮助学生建立直接经验，促进学生深化概念。

再如，青岛版小学科学四年级下册《地震》一课，为学生创设应用性情境：地震会造成人类生命财产的巨大损失，地震发生时紧急避险至关重要。如果地震发生时，我们处于不同的场所，如何科学合理地紧急避险呢？请你综合所学，设计一份校园、高层住宅、电影院地震紧急避险小贴士宣传海报。因为不同场所地震的紧急避险措施不同，这需要学生将所学的知识进行梳理判断，基于同类情境进行迁移，完成宣传海报，进而实现概念的水平迁移。

二、垂直迁移

垂直迁移，是指学生面对一个新情境，没有与之匹配的已有认知结构，需要创造一个新的认知结构来理解新的情境，这对学生来说是一个知识运用的变式练习，是我们期望的学生能运用所学解决复杂的生活问题。因此，我们要创设多种"异化"的情境，让学生把所学概念迁移到新的情境中，进而引发学生对概念应用的再思考。

例如，青岛版小学科学四年级上册《食物的营养》一课，在建构了"食物具有多种营养成分"的概念后，教师创设了一个新的情境，根据"食物金字塔"为自己设计一份营养均衡的食谱。学生在教师创设的新情境中，将已建构的概念进行迁移应用，加深了学生对所学概念的理解。

综上所述，在实际教学中，教师要善于创设与建构概念类似的以及不同的情境，引领学生通过水平迁移和垂直迁移举一反三，进而巩固和深化概念，思维得以纵深发展。

第六章　单元视域下小学科学
概念教学改进策略

在小学科学概念教学中，要想切实提升概念教学的有效性，在引领学生经历单元视域下"大概念解读—概念引入—概念建构—概念迁移应用"系列概念教学后，还要有更为关键、重要的一步，即诊断与改进教学，这是概念教学必不可少的一环。

诊断与改进教学是指由教研组全体教师基于研究主题开发不同维度的观课量表，如挑战性任务设计、结构性问题设计、进阶性思维能力提升以及课程资源开发等，为观课教师提供一种基于主题的观课工具，借助工具对课堂进行深入观察，以捕获证据，便于上课教师将有效的证据运用于教学决策中改进教学，培养教师的循证意识。单元视域下小学科学概念教学改进策略主要包括观课量表开发策略和基于量表改进教学策略。

第一节　观课量表开发策略

观课量表即课堂观察量表，它是一种观课工具，利用这个工具能够使观课教师聚焦同一主题进行观察，并记录这一主题下教师的教学行为与学生的学习行为，在此基础上进行有针对性的分析与研讨，为执教教师提供教学改进决策。观课量表开发的最终目的是发现和理解教学、改进与重构课堂，它是一种非常专业的活动，能避免以往观课活动中观课教师记录得"洋洋洒洒"，评课活动中观课教师"滔滔不绝",而执教教师"面面俱到"的高耗低效局面,经过实践探索总结出观课量表开发的原则与具体路径。

一、观课量表开发的原则

观课量表作为一种课堂观察的工具,其实质是执教教师与观课教师基于观察到的证据,为改进课堂教学而进行的深度对话与交流,基于此,开发观课量表时须遵循以下主要原则。

(一)具有高度的聚焦性

每所学校的科学教研组都有自己的研究主题,基于研究主题进行分解,选取适切的观课点,而选取的观课点一定要紧紧围绕本单元或本节课要理解的核心概念;基于观课点开发出观察教师教学行为、学生学习行为的多个观课维度,便于研究活动更聚焦,保障教研活动质量。

(二)具有可操作性

由于观课量表是在动态的课堂上使用,因此观课量表的开发一定要具有可操作性:一是内容记录形式要简约但不能简单,要便于观课教师在短时间内记录相关信息,更要便于观课结束后将信息迅速汇总并得出结论;二是观课的维度一定是便于观课教师在动态的课堂中捕捉到需要捕捉的关键点,操作性、实用性一定要强。

(三)具有严谨性和科学性

一份质量上乘的观课量表,其内容设计及内容间的结构一定是具有严谨性和科学性的,因此要基于研究的主题科学地确立观课点与观课维度,各观课维度之间要有逻辑关联,能通过不同维度的观课反馈,切实反映出本主题研究下课堂教学不同维度存在的真实问题,便于更科学地做出教学决策。

(四)具有"优先性"

除以上原则外,观课量表在开发过程中需要具有明确的"优先级",每一个观课维度下需要记录的内容有多个方面,如果面面俱到势必会导致面面不到,由此开发时要"抓大放小",把最需要记录的项目放大,把可记可不记的隐藏,由此实现以少内容的深度聚焦覆盖多内容的浅层徘徊。

二、观课量表开发的具体路径

观课量表开发，首先应围绕研究主题确定观察主题，然后分析单元或课时在该观察主题下对应的特点，基于共同关心的教学问题和有价值的教学现象确定观课点与观课维度，以形成初步的观课量表。为使观课量表更具有科学性与严谨性，观课量表初步开发后需要在教研组内进行反复研讨与修改，达成共识后应用于课堂教学，在课堂教学的不断检验与修改中得以完善，其具体路径如图6-1-1所示。

图6-1-1 观课量表开发路径图

为凸显学生概念建构，聚焦概念建构要素进行观课量表开发，以期通过观课量表观教师概念教学行为，促进学生对核心概念的理解，进而建构概念、发展思维。下面重点从"挑战性任务、结构性问题"两大关键要素出发，为大家呈现基于不同要素开发观课量表促进学生概念建构的具体路径。

（一）"挑战性任务促进概念建构"的观课量表开发

挑战性任务，是在单元真实生活情境中设计具有挑战性的学习任务，驱动学生在子任务的解决过程中实现单元概念建构。下面以青岛版小学科学五年级上册第六单元《密切联系的生物界》为例，具体阐述"单元挑战性任务"观课量表开发的具体流程。

1. 分析单元挑战性任务

通过综合分析《密切联系的生物界》单元对应的课程标准、教材与学情，确定的单元大概念为：人、动物、植物和环境建构起生态系统的生物模型，初步认识生物体的稳态。基于单元大概念设计的单元挑战性任务如图6-1-2所示。

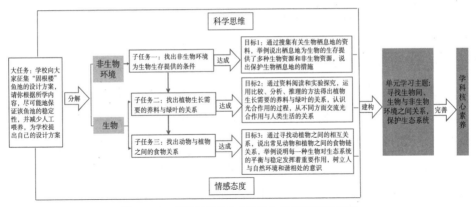

图6-1-2 《密切联系的生物界》单元挑战性任务

创设单元挑战性任务是为了引领学生在挑战性任务解决过程中最终建构起本单元的大概念。单元大任务是学校向大家征集"固根楼"鱼池的设计方案,在尽可能减少人工喂养的前提下保证鱼池的稳定性。为完成单元大任务,需要将其分解,构建任务序列,比如需要首先解决"环境"的问题,即生物的栖息地,然后还要解决"生物"的问题,要考虑到生物间的食物关系,即鱼池中放哪些生物,并将子任务与目标进行匹配,当每一子任务得以解决就意味着相应的学习目标得以达成,也就建构了单元大概念。因此,任务的设计以及完成度是学生能否建构概念的重要指标。所以,在观课量表开发中要将观课重点落在挑战性任务实施的有效性上。

2.确定观课点及观课维度

基于"挑战性任务实施的有效性"观课点,设计了挑战性任务设计、任务指向目标情况、任务呈现方式、学生参与情况、任务完成过程中涉及的思维方法、分析问题及建议、综合评价几大具体观课维度,其中挑战性任务设计放在"课前会议"中完成,"分析问题及建议"以及"综合评价"放在课后会议中进行,其他几项放在课中进行。

(1)挑战性任务设计。设计任务最终是为达成学习目标,单元设计中有单元的序列化任务,到了具体课时中也会有课时的序列化任务,教师在设计时确定了什么样的学习目标、每一任务与目标匹配程度如何,这些都需要召开"课前会议",由执教教师对观课教师做具体说明。观课教师以目标为单位,将其匹配的挑战性任务设计进行相应记录,并初步研判任务指向目标是清晰、模糊还是无效的，也就是说在观课前，观课量表中已经记录下了学习目标与相应的挑战性任务，并初步做出了判断。这样一方面便于观课教师了解任务设计情况，更关键的是留出足够的时间便于教师在课堂中观察任务实施是否有效。

（2）学生完成任务的行为表现。学生在任务完成中的行为表现是判断概念是否形成的关键维度，学生对挑战性任务是否感兴趣、是否能积极地完成、是通过自主探究还是需要小组合作探究才能完成任务、整个任务完成过程中运用了哪几种思维方法……实际观课中，观课教师重点对以上维度进行观察，捕捉到相应的"证据"，以反观学习目标的达成情况。

（3）教师教学行为表现。课堂教学中，教师最主要的教学行为有两个：一个是下发挑战性任务，什么时候下发，怎么下发，都能直接决定学生任务完成的有效性；另一个就是收集、研判、处理学习信息。信息的处理，与教师采集了什么信息有关；教师能采集什么信息，与学生创造了什么信息有关；学生创造了什么信息，与教师怎样呈现评价任务有关。因此，观课教师重点观察执教教师以上教学行为表现，以反观任务是否有效实施。

3.完成观课量表

基于以上思考开发出的观课量表如表6-1-1所示。

表6-1-1　挑战性学习任务有效性观课量表

课题		授课教师				观课教师				
目标一	挑战性任务	任务指向目标			任务呈现方式	学生参与情况				思维方法	分析问题及建议
		清晰	模糊	无效		积极参与	自主探究	合作探究	不感兴趣		
目标二	挑战性任务	任务指向目标			任务呈现方式	学生参与情况				思维方法	分析问题及建议
		清晰	模糊	无效		积极参与	自主探究	合作探究	不感兴趣		
目标三	挑战性任务	任务指向目标			任务呈现方式	学生参与情况				思维方法	分析问题及建议
		清晰	模糊	无效		积极参与	自主探究	合作探究	不感兴趣		

课题		授课教师		观课教师	
综合评价					

（二）"结构性问题促进概念形成"观课量表开发

结构性问题是指在单元或课时的视角下，将驱动性问题以结构性的形式呈现，便于引领学生形成结构性的认知，最终实现单元或课时概念建构。下面以青岛版小学科学四年级下册第一单元第一课时《认识光》一课为例，具体阐述"结构性问题促进概念形成"观课量表开发的具体流程。

1.分析课时结构性问题

通过对课程标准、教材以及学情的综合分析，确定本课的学习目标为：（1）举例说出生活中常见的发光物体，识别光源；（2）通过小组合作探究，寻找蜡烛、手电筒发出的光，说出光在空气中沿直线传播；（3）通过讨论交流光在生活中的应用，归纳总结出光对生活的作用，进而说出光具有能量。基于课时学习目标确定的结构性问题，如图6-1-3所示。

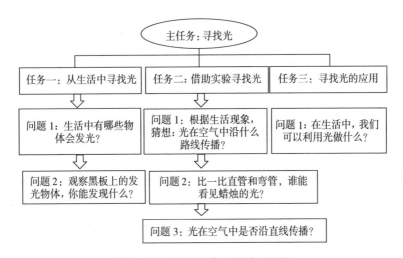

图6-1-3　《认识光》结构性问题图

问题与任务是分不开的，问题是为任务完成而生成的。《认识光》一课结构性问题，一部分是基于子任务而生成的问题，即一级问题，如生活中有哪些物体会发光、根据生活现象猜想光在空气中沿什么路线传播以及在生活中我们可以利用光做什么，这些问题之间是有结构的；另一部分是一级问题中的每一个问题又可以生成具体的问题链，形成这一问题下的结构性。由此，就形成了本课的问题结构，这样一个结构性的问题如果解决了，对应的任务就解决了，学习目标也就达成了。因此，结构性问题的设计及实施是判断能否达成学习目标的重要指标。

2.确定观课点及观课维度

基于以上分析，在课堂观察中要将观察重点落在问题的设计是否有效上，围绕这一观课点，将观课维度确定为：与目标匹配的问题设计、问题指向目标情况、问题对应的学生认知水平、与每一学习目标匹配的问题设计的有效性分析以及综合评价几大具体观课维度。

（1）结构性问题设计。结构性问题的设计是基于学生认知结构和科学知识结构，体现科学知识意义与本质的问题，是支撑学生迈向高阶思维的重要载体。结构性问题的设计要基于学生的认知基础，体现学科学习内容的本质，源于知识单元的整体设计，揭示并引领学生经历科学学习历程。因此，在具体观课前，召开课前会议，由授课教师对本节课从学习目标到问题设计等进行具体说明，观课教师首先对本节课的问题是否有结构性进行研讨，明确每一条学习目标下，教师预设的问题有哪些，观课者首先要初步判断，结构性问题的设计能否基于学情进行，能否完成任务，最终达成目标，以及问题的设计能否引领学生经历科学学习过程等，便于有效观课。

（2）学生学习行为表现。学生在课堂中占主体地位，是学习活动的积极参与者。面对教师预设的问题，引发学生相应的认知水平达到哪个层次？学生面对教师的问题是能深度地思考还是只能浅显地回答？学生能不能依据教师提出的问题生成新的问题？生成的问题中多少是有价值的，多少是浅层次的，多少是无效的……实际观课中，观课教师重点对以上维度进行观察，捕捉到相应的"证据"，以反观学习目标是否达成。

（3）教师教学行为表现。问题能够支撑起课堂教学的框架，在关注结构性问题的课堂教学中，教师最主要的教学行为同样有两个：一个是问题提出的时机与策略，另一个就是依据学生的回答收集、研判、处理学习信息。教师在课堂教学中只有预设的问题，还是能够生成新问题，抑或是能引导学生自己提出有价值的问题；对课堂中生成的问题，教师能否快速研判是否达成学习目标、与学习目标的差距有多大、怎样解决这个差距等。因此，观课教师重点观察执教教师以上教学行为表现，以反观学习目标能否达成。

3.完成观课量表

综上所述，开发出的结构性问题观课量表如表6-1-2所示。

表6-1-2　结构性问题观课量表

课题		授课教师			观课教师	
目标一	问题实录	问题指向目标			认知水平					问题设计有效性
		清晰	模糊	无效	识记	了解	应用	分析	评价	创作	
目标二	问题实录	问题指向目标			认知水平					问题设计有效性
		清晰	模糊	无效	识记	了解	应用	分析	评价	创作	
目标三	问题实录	问题指向目标			认知水平					问题设计有效性
		清晰	模糊	无效	识记	了解	应用	分析	评价	创作	
综合评价											

第二节　基于观课量表改进课堂教学策略

观课量表开发的目的是依据其收集课堂教学中的证据，观察结束需要及时召开课后会议，对收集到的证据进行分类整理，然后观课教师与执教教师基于证据展开深度的交流与对话，找到基于主题的课堂教学需要改进的关键点，以此诊断问题成因，通过不断地研讨、碰撞形成具体的改进策略，然后应用于课堂教学，再监控、再诊断、再改进，形成基于主题的课堂教学闭环研究。其具体策略如图6-2-1所示。

图6-2-1　利用观课量表改进课堂教学的策略

一、利用观课量表进行课堂观察

（一）分工合作

虽然众筹教研组教师智慧共同开发出基于不同主题的观课量表，但是具体观课时，需要将观课维度进行分工，几位教师一组，由小组长整体负责这个小组的观课内容；观课时观课教师要深入学生中间，采用"定人法"进行观察，即每位教师对某几组学生进行自始至终地观察，便于形成合力（组内的分工要在课前会议中完成）。

（二）完成记录

以青岛版小学科学五年级上册《食物链》一课为例，基于挑战性学习任务有效性观课量表捕获的证据如表6-2-1所示。

表6-2-1　《食物链》观课量表

课题	《食物链》				授课教师		观课教师				
目标一	挑战性任务	任务指向目标			任务呈现方式	学生参与情况				思维方法	分析问题及建议
		清晰	模糊	无效		积极参与	自主探究	合作探究	不感兴趣		
通过寻找动植物之间的相互关系，说出常见动物和植物之间吃与被吃的链状关系，认识食物链和食物网。	找出动物与植物之间的食物关系。	√			通过固根楼鱼池认识食物链，再全部呈现栖息地，找出食物关系。	√	√			对比模型建构	学生能积极参与任务并完成任务，同时找出草原中的食物链，该任务的设计与实施能够帮助学生进行概念建构。
目标二	挑战性任务	任务指向目标			任务呈现方式	学生参与情况				思维方法	分析问题及建议
		清晰	模糊	无效		积极参与	自主探究	合作探究	不感兴趣		
通过结网游戏，讨论食物链破坏后造成的后果，举例说明每一种生物（包括人类）对生态系统的平衡与稳定的作用。	讨论一种生物的消失对其他生物的影响。	√			以草原为栖息地认识食物网，通过角色扮演，呈现任务：讨论一种生物的消失对其他生物的影响。	√		√	√	分析推理模型建构	教师以结网游戏为基础，希望让学生参与结网游戏，有助于帮助学生进行概念建构。但是学生的关注点在草原中的食物关系找得对不对，使得只有部分学生参与，只有少数同学有机会回答。

续表

课题	《食物链》	授课教师		观课教师	
综合评价	1.两个任务教师分成两步呈现给学生，每一步都是为下一步做铺垫，因此任务的呈现方式比较合理 2.从学生的反应来看，学生对两个任务的反应比较积极。从学生学习任务的完成情况来看，任务一绝大多数的学生都能参与并完成，同时基于所学概念完成其他类似任务，即找出草原中的食物链，可以说明这一任务的设计与实施能够帮助学生进行概念建构。任务二，教师以结网游戏为基础，希望让学生参与结网游戏，进而讨论一种生物的消失对其他生物的影响，有助于帮助学生进行概念建构，但是学生的关注点在草原中的食物关系找得对不对，而且由于教室空间有限，学生不能顺利地得到网状食物关系，使得只有部分学生参与，同时由于结网游戏耗费时间太长，留给学生交流的时间太少，只有少数同学有机会回答，无法看出其他学生能否完成任务。				

二、证据整理，交流对话

观课结束，先由各观课组教师以小组为单位进行同一观课点下的"证据"整理，然后与执教教师交流对话，具体流程如下。

（一）组内进行"量+质"分析

由各观课组组长对观课量表中记录的数据性信息进行定量分析，例如指向目标一的挑战性任务几个是清晰的，几个是无效的；针对同一个挑战性任务多少个学生是感兴趣的，多少个学生能自主探究，多少个学生进行小组合作……由此分析数据信息背后的问题所在，是教师任务设计的本身有问题，还是呈现方式有问题，又或者是……

（二）组间深度研讨碰撞

基于这些证据，观课教师与执教教师之间进行深层次对话，共同探寻问题背后深层次的症结，是教师对学科本质理解不够，还是教师的实践能力不足，抑或是以学生学习为中心的课堂教学理念还未真正建立。

通过《食物链》这一课观课教师捕获的证据可以看出，任务的设计比较有效，有利于帮助学生形成概念，但是在任务实施上未能达到预期效果，主要是任务二的完成度不高，原因是教师设计的结网游戏操作时间太长，提供的生物种类过多，使得学生的关注点只纠缠于"谁能被谁吃""谁不能被谁吃"上，而忽略了生物之间能量流动的食物关系，最终导致学生的交流时间太少，也难以交流出高质量的活动结果，帮助学生建构出概念也就无从谈起了。

三、诊断成因，形成改进策略

（一）诊断成因

为什么任务二的完成度不够高？上述所说：学生只纠缠于"谁能被谁吃""谁不能被谁吃"上，而忽略了生物之间能量流动的食物关系，最终导致学生的交流时间太少……这只是个现象，这个现象背后的问题是什么？需要教研组全体教师共同发力，诊断其问题的成因。通过抽丝剥茧式地剖析，发现任务设计时的最大问题是忽略了学情这一至关重要的因素，忽视了课堂教学是以学生的学为中心，究其原因，一是教师提供生物太多对学生初步接触生物间的食物关系造成了干扰；二是教师提供的某几种生物离学生生活经验较远，学生因为不了解因此对"谁能被谁吃""谁不能被谁吃"产生了歧义；三是未给学生充分参与的机会，多数学生只是"看客"，无思维的参与、发生……

（二）形成改进意见

明确了问题的成因，对存在的问题就可有针对性地进行改进：将结网游戏中的六种生物（草、兔子、羊、虎、老鼠、老鹰）减少到四种（草、兔子、羊、虎），保证这四种生物在学生生活经验范围内，确保了学生参与活动的时间，又充分体现出任务与目标的匹配度；与此同时，将由一个组上台展示的结网游戏修改为小组活动，而且展示时由1～2个小组进行，这样确保学生的参与度。如此改进，节约下来的时间可以用"兔子、羊、草等生物的减少对其他生物的影响"这一评价任务对学生前面所学进行评价，巩固了建构的概念，达成了任务二匹配的目标。

（三）修改教学设计

基于以上改进策略，对原有的教学设计进行修改，下面仅呈现部分内容修改前后的一览表，如表6-2-2所示。

表6-2-2　教学设计修改前后对比一览表

修改前		修改后	
学生活动	教师活动	学生活动	教师活动
结网游戏：6名同学扮演生物（草、兔子、羊、虎、老鼠、老鹰），其他同学用毛线上台连接食物链，全班同学补充。	提供道具，辅助学生连接食物链。介绍食物网概念。	结网游戏：以小组为单位，找到4种生物（草、兔子、羊、虎）的食物关系。	全班巡视，请完成最快的小组上台展示。介绍食物网概念。
	模拟场景：老虎浑身都是宝，因此人们大量屠杀老虎，老虎濒临灭绝。		模拟场景：老虎浑身都是宝，因此人们大量屠杀老虎，老虎濒临灭绝。
交流：当一种生物消失后，对其他生物有什么影响？		交流：当一种生物消失后，对其他生物有什么影响？	追问：如果兔子、草或者羊的数量消失或减少，对其他生物有什么影响？
思考：某一种生物消失背后的原因。出示生态系统的资料卡，了解生物消失背后的原因。	总结：每一种生物都对生态系统的平衡与稳定发挥着重要作用，而人类作为生物界中最高级的动物，对生态系统的平衡起到决定性作用，而生态系统的失衡对人类又起着反噬作用。所以，保护身边多种多样的生物非常重要。	思考：某一种生物消失背后的原因。出示生态系统的资料卡，了解生物消失背后的原因。	总结：每一种生物都对生态系统的平衡与稳定发挥着重要作用，而人类作为生物界中最高级的动物，对生态系统的平衡起到决定性作用，而生态系统的失衡对人类又起着反噬作用。所以，保护身边多种多样的生物非常重要。

四、应用课堂，监控诊断改进

将改进后的教学设计进行课堂教学实施，同样经历"以观课量表进行观课—证据整理交流对话—诊断成因形成改进策略—再应用课堂再改进"的良性循环活动。需要说明的是，这样循环的课堂教学改进过程不是简单的机械重复，而是不断向深度螺旋上升的过程。

　　综上所述，教师借助观课量表教研工具，注重将有效的证据运用于教学决策中，改变了教师以往依赖于经验进行决策的"盲目"，在一定程度上变革了教师的思维方式，提升教师创造证据、收集证据、运用证据等循证教学能力，这样的教研活动效度无疑是很高的。

第七章　小学科学单元教学方案设计策略

随着课程教学改革的不断深化，基于课程标准的教学受到越来越多的热议，如何能基于课程标准进行教学？广义上说，就是要将课程标准"落地"。《课程标准（2022）》提出了学科核心素养，这是其最大的变化与亮点。"核心素养—课程标准—教学设计—课堂教学"，这是一个从核心素养到教学实施的实践逻辑，如何将处在高处的课程标准理念与要求具体化、可视化地"降落"在课堂上，"降落"在教师的教学行为与学生的学习行为与结果上，需要一个"降落伞"，即教学方案。实践中，课堂教学中能不能看到核心素养的影子，关键是我们的教学方案设计有没有基于课程标准。

本章通过单元教学方案设计策略，为大家呈现单元教学方案设计的具体路径方法，然后呈现指向物质科学领域、技术与工程领域的两节课时教学方案，以期找到属于我们小学科学学科课程标准有效落地的"降落伞"。

第一节　单元教学方案设计策略

《课程标准（2022）》倡导素养导向的教学，中小学各学科课程标准中都明确规定了学科核心素养，这一国家意志促进教学方案进行变革，即从以往单课时设计转变为以大单元为单位的单元设计，这是落实学生核心素养的现实需要，是新课程理念真正落地课堂的动力。

近几年，我区组织全体科学教师采用同单元异构的方式，覆盖四大领域进行单元教学方案开发，并持续性地进行开发、修改与完善，以期用单元教学方案这样一个支点撬动学科课堂转型，切实落实学生科学核心素养。下面以指向物质科学领域的青岛版小学科学四年级下册第二单元《热传递》为例，对如何设计单元教学方案进行具体说明。

一、什么是单元教学方案

单元教学方案是指教师首先对课程标准进行深入解读与剖析，然后对教材内容以及学情等进行综合分析，由此对教学内容进行整合或重组，对教学评价、教学进程设计进行系统布局，以形成有内在关联的、能让学生经历一个完整学习过程的整体教学方案。

二、如何设计单元教学方案

单元教学方案包括单元学习目标、单元评价以及单元进程设计三大主要要素。单元教学方案强调从单元整体出发进行教学设计，突出单元教学目标、单元评价与单元进程的整体性、联系性及一致性。通过这样的单元教学方案设计能够使学生形成丰富的知识联系，建立良好的认知结构，对促进学习迁移非常重要。下面呈现具体的设计路径。

（一）单元学习目标设计

单元学习目标设计，需要综合课程标准分析、教材分析以及学情分析确定。

1. 课程标准分析

首先提取出本单元对应的课程标准相应要求，如表7-1-1所示。通过分析课程标准要求可知，能量传递是能量发生变化的一种形式，是五年级学习能量转化的基础，对学生理解能量守恒定律至关重要，而本单元即是热能传递的完整学习。包括热能在不同状态的物体内部以及物体之间传递的方式、传递的方向、传递的速度等。

表7-1-1 《热传递》单元课程标准要求

核心概念	学习内容	内容要求	学业要求
能的转化与能量守恒	4.1能的形式、转移与转化	1.举例说出生活中常见的热传递现象,知道热从温度高的物体传向温度低的物体,从物体温度高的部分传向温度低的部分。 2.举例说明影响热传递的主要因素,列举它们在日常生产生活中的应用。	1.能举例说明常见的热传递现象和影响热传递的主要因素,列举它们在生产生活中的应用。 2.能对热传递的方式进行分析和推理。 3.会用已有知识和经验对热传递方式做出推测,设计实验寻找证据,得出结论。

（1）具体概念提取

将内容要求1按照概念"建构"和"应用"两个层面进行拆解,可拆解为能说出热传递的方向;能举例说出生活中常见的热传递现象。将内容要求2按照"建构"和"应用"两个层面进行拆解,分解为能举例说明影响热传递的主要因素;能列举不同的热传递在日常生活和生产中的应用。

将内容要求1与内容要求2按照概念"建构"拆解后的内容进行融合,得到目标一:能说出热传递的方向;将内容要求1与内容要求2按照概念"运用"拆解后的内容进行融合,得到目标二:能列举热传递在日常生活和生产中的应用。

（2）概念进阶

学生通过目标一、目标二这些热量传递的表象观察进而接近"热能"概念理解,接近到什么程度?课标学习目标中明确的认知性目标行为动词是"说出""知道""举例说明""列举"以及体验性目标行为动词"观察",是要求学生通过参与感知热能,达到了解水平。因此,依据课标分析,初步确定单元学习目标:

① 能说出热传递的方向;

② 能列举热传递在日常生活和生产中的应用;

③ 能感知热是一种常用的能量表现形式。

2.教材分析

（1）纵向梳理单元教材地位。对于热,学生已经了解到热的表征即温度,温度可以被测量;热可以改变物体的状态和体积。本单元学习之前,学生通过实验探究知道热空气会上升,经历了小组合作,运用了观察、分析及综合等科学思维方法。这些已有的学习经验是本单元学习的生长点,借助这个生长点学习热传递的不同方式及特点，在学习过程中了解热是一种能量的表现形式，可以在不同状态的物质内部以及物质之间传递。学生在此基础上，延伸了解能量的转换，如图7-1-1所示。

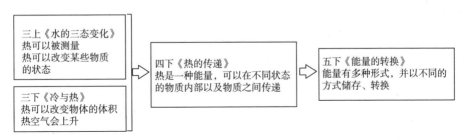

图7-1-1　《热传递》单元"纵向梳理教材"

（2）横向分析单元内容结构。本单元热的传递共分三种形式：热传导、热对流、热辐射。单元情景图中描述孩子们围绕火炉取暖的情境，还有一段文字描述："太阳升起，大地会慢慢升温；寒冷的冬天，暖气让房间温暖舒适；靠近炭火，人很快就会感到暖和……这些现象产生的原因是什么呢？让我们一起来探究吧。"这段文字提示学生本单元要探究生活中热在固体、液体以及气体中传递的不同方式。

分析教材内容，本单元三个课时内容都是按照"观察生活现象—实验探究—建构概念—迁移应用"的活动顺序进行安排，如图7-1-2所示。教材中也分别提示了需要准备的材料包，其中包含了不同的探究材料，可以看出每一种热传递的方式都是通过实验让学生亲身探究出来的。这样并列内容的递进安排，既有知识上的进阶，又给了学生思维、方法的进阶。

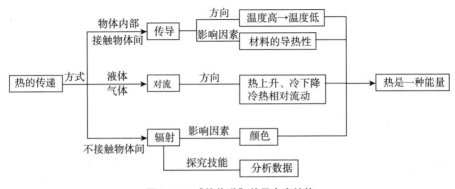

图7-1-2　《热传递》单元内容结构

科学探究需要学生秉持实事求是的科学态度，通过小组合作进行实验方案的设计，进行证据的收集和处理，最终得出结论。热能是在经历三次实验的基础上感知的，因此调整目标二和目标三的顺序。另外，通过教材分析，可以补充单元目标：

① 通过小组合作探究，能说出热在物体间和物体内部、不接触的物体间以及液体、气体中的传递方式和传递方向；

② 通过热传递的实验探究，能感知热是常用的一种能量表现形式；

③ 通过互动交流等活动，能列举热传导、热辐射、热对流在日常生活和生产中的应用。

3.学情分析

（1）基于概念的学情预判。能量传递是能量发生变化的一种形式，是五年级学习能量转化的基础，对学生理解能量守恒定律至关重要，而本单元即是热能传递的完整学习，包括热能在不同状态的物质内部以及物质之间传递的方式、方向、速度等。

"能量"这一核心概念，对小学生而言比较抽象，通过1~2年级对磁的学习，学生接触了能量的表现形式；随着年龄增长、认知水平提升、科普知识积累，3~4年级学生已经能够意识到"声光热电"跟能量有密切关联，但是学生更接受"声光热电中具有能量"，甚至能够用大小、强弱、多少来形容。虽然学生把这几种能量的表现形式理解为一种能承载能量的"东西"而不是能量本身，但是这也正是学生建构能量概念、认识能量表现形式之间可以相互转换的重要学习基础。本单元的学习学生通过对实验现象的观察，可以直观感受到热本身就是一种可以传递的能量，而非"热具有能量"，从而建构起"热能"的核心概念。

（2）基于实证的学情调研。为了更准确地了解学情，依据本单元要建构的概念，提取单元关键问题，并进行问卷调查。本次调查问卷从四年级中选了两个班级共发放问卷40份，问卷内容及结果如下。

问题1：将勺子放进一杯热水中，五分钟后勺柄摸起来会变热，这种现象属于热的传递。生活中你还知道哪些热的传递现象，请尝试举出尽可能多的实例吧。问卷调查结果如表7-1-2所示。

表7-1-2　《热传递》单元学情调研问题1

结果统计		结果分析
能列举1~2个实例	40%	在生活中学生对热传递的现象有所感知的，并能列举出实例。
能列举3~6个实例	60%	
热传导	94%	学生对热传导的实例的感知比较多，对热对流、热辐射能调取的生活经验比较少。
热对流	1%	
热辐射	5%	

问题2：你能将以上所写热传递的现象分分类吗？分类的依据是什么？问卷结果如表7-1-3所示。

表7-1-3　《热传递》单元学情调研问题2

分类标准		结果统计		结果分析
物质的状态	45%	分类正确	13%	学生虽然能列举生活中热传递的实例，但对这些生活实例只停留在形象认知阶段，没有条理性。这就需要通过学习将这些零散的形象认知进行提炼，在观察比较的基础上，归纳概括其共同规律，用更准确的语言表述规律，建构起科学概念。
		分类不正确	87%	
不同的热源		17%		
热源位置		7%		
未分类		31%		

问题3：将热勺子放进一杯有冰块的冰水中，五分钟后，原来热的勺柄现在摸起来是凉的了。勺柄是如何变凉的呢？问卷结果如表7-1-4所示。

表7-1-4　《热传递》单元学情调研问题3

结果统计		结果分析
勺子的热量释放了	7%	学生对高温低温表示热能的多少的概念认知是错误的，他们认为冷也是一种可以传递的能量。其实冷（低温）只是热能较少而已。所以对"热能"这一概念的建构要让学生提高认知，正确认识到冷也是热能的一种表征，而不是单独的一种能量。
冰块把勺子的热量抵消了	10%	
冰块的冷传递给了勺子	80%	
未作答	3%	

通过以上问卷调查结果发现，这一单元的教学中学生需要通过学习将生活中零散的形象认知进行提炼，在观察比较的基础上归纳概括其共同规律，用更准确的语言表述规律建构起科学概念。通过具体概念的累积建构，正确感知热能，认识到冷只是热能的一种表征而不是单独的一种能量，从而进阶至核心概念。

因此，在教学过程中应该给学生机会，通过交流等形式充分暴露其零散的前认知，再给学生提供材料进行实验探究，建构具体概念，最后将生活认知与概念进行匹配，形成科学认知。在这个过程中正确感知到热是一种能量，实现概念的进阶，由此确定学生学习的进阶关键点。

同时，依据学情分析修改目标，增加分类、列举；对"热能"这一核心概念能够做到正确认知。通过以上分析，最终制定本单元的学习目标：

①在热传递的小组合作探究中，能基于观察到的现象进行综合分析，说出热传导、热辐射、热对流等不同热传递方式的特点；

②在探究热传递的过程中，正确感知热是常用的一种能量表现形式；

③通过互动交流等活动，能分类列举热传导、热辐射、热对流在日常生活和生产中的应用。

（二）单元评价设计

单元评价设计，主要包括单元表现性评价任务以及评价方案两部分，其中单元评价方案包括单元核心目标、表现标准、子任务、评价实施以及评价工具五大关键要素。下面以其中的表现性评价任务以及评价量规两方面做简要说明。

1. 设计单元表现性评价任务

本单元围绕热传递的三种方式展开，包含三种传递方式、热在其中的传递方向以及热传递方式在生活中的应用，因此创设出学生熟悉的户外烧烤的大情境：同学们进行过户外烧烤吗？烤盘、烤网都是户外烧烤的工具，那你能解释一下烧烤时烤盘、烤网上的食物是如何被烤熟的，烤炉上的水是如何被烧开的吗？进而提出本单元的主问题：热在其中是怎样传递的？

为了让学生更容易理解表现性评价任务，依据任务指导语的撰写要求，撰写任务指导语：（1）分别找一找烧烤时烤网、烤盘上的食物以及水壶中水的热源。（2）根据你的生活经验，分别设计实验探究一下热在这些物体间经历了一个怎样的传递过程，最终把食物烤熟。

2. 制定评价量规

依据表现性评价目标制定评价量规，基于目标选取了"处理信息""得出结论"列举实例"三个评价维度，这一评价量规贯穿在整个单元中使用，如表7-1-5所示。

表7-1-5 《热传递》单元评价量规

评价维度	优秀	达标	待达标
处理信息	能综合比较、分析观察到的现象，自主发现规律。	能将观察到的现象进行分析，能在老师和同伴的指导下发现规律。	不能对观察到的现象进行分析，未发现规律。
得出结论	能正确描述热传导、热对流、热辐射等热传递的方式和方向。	能比较正确地描述热传导、热对流、热辐射等热传递的方式和方向。	不能正确描述热传导、热对流、热辐射等热传递的方式和方向。
列举实例	能分类列举生活中热传导、热对流、热辐射的实例。	能列举生活中热传导、热对流、热辐射的实例，但分类稍有欠缺。	不能列举生活中热传导、热对流、热辐射的实例。

（三）单元学习进程设计

基于户外烧烤单元大情境，将本单元的学习规划为三课时，具体进程安排详见下面单元教学方案。

第二节 单元教学方案样例

经过以上"单元学习目标、评价设计以及学习进程设计"路径，最终形成的指向物质科学领域的《热传递》单元教学方案，如表7-2-1所示。与此同时，为一线教师更好地理解单元教学方案，本节还提供了指向技术与工程领域的青岛版小学科学三年级上册《仪器与制作》单元教学方案，如表7-2-2所示。以期从不同指向领域的单元教学方案中，为大家提供单元教学方案设计的一点启示。

表7-2-1 《热传递》单元教学方案

课程标准要求		【核心概念】能的转化与能量守恒 【学习内容】4.1能的形式、转移与转化 【内容要求】举例说出生活中常见的热传递现象，知道热从温度高的物体传向温度低的物体，从物体温度高的部分传向温度低的部分；举例说明影响热传递的主要因素，列举它们在日常生产生活中的应用。 【学业要求】能举例说明常见的热传递现象和影响热传递的主要因素，列举它们在生产生活中的应用；能对热传递的方式进行分析和推理；会用已有知识和经验对热传递方式做出推测，设计实验寻找证据，得出结论。
单元目标	单元大概念	热可以以传导、对流、辐射等方式传递。
	教材分析	1.纵向梳理单元教材地位 对于热，学生已经了解热的表征即温度，温度可以被测量；热可以改变物体的状态和体积。学习本单元之前，学生通过实验探究知道热空气会上升，经历了小组合作，学习了观察、分析、综合等科学方法。这些已有的学习经验是本单元学习的生长点，借助这些已有经验学习热传递的不同方式及特点，在学习的过程中，了解热是一种能量的表现形式，可以在不同状态的物质内部以及物质之间传递。学生在此基础上，会延伸了解能量的转换。 2.横向分析单元知识结构 本单元热的传递共分三种形式：热传导、热对流、热辐射。教材引导学生在单元中通过实验探究生活中热传递的不同方式，这样并列内容的递进安排，既有知识上的进阶，又给了学生思维、方法的进阶。因此，在3课时的教学过程中，每一课时教师对学生的指导一定是在充分分析了学生进阶水平的基础上进行的。

<table>
<tr><td rowspan="3">单元目标</td><td>学情分析</td><td colspan="5">1.学生的已有认知。对于热的传递，学生都能列举3~4种生活中的实例，对热的传递具有直观的认识，并且知道热空气会上升，这对热传递的学习尤其是对流的学习是有助益的。能够初步掌握分析、综合等科学方法。
2.学习本单元的困难和障碍。学生不了解热在不同的物体中有不同的传递方式，说明学生对热传递方式的认识不全面；大部分学生认为冷也可以传递，这个认知是错误的，这说明学生对热传递方向的认识是模糊的。设计实验方案时，如何将热的存在外显，只有少数学生能够想到用蜡油等方法，需要教师进行方法的引导。</td></tr>
<tr><td>综合呈现单元目标</td><td colspan="5">1.在热传递的小组合作探究中，能基于观察到的现象进行综合分析，说出热传导、热辐射、热对流等不同热传递方式的特点。
2.在探究热传递的过程中，正确感知热是常用的一种能量表现形式。
3.通过互动交流等活动，能分类列举热传导、热辐射、热对流在日常生活和生产中的应用。</td></tr>
<tr><td>基本问题</td><td colspan="5">热传递的方式有哪些？其基本特点是什么？</td></tr>
<tr><td rowspan="2">单元评价</td><td>单元表现性大任务</td><td colspan="5">1.大任务
烤盘、烤网都是户外烧烤的工具，探究烧烤时烤盘、烤网上的食物是如何被烤熟的。
2.任务指导语
（1）分别找一找烧烤时烤网、烤盘上的食物以及水壶中水的热源。
（2）根据你的生活经验，分别设计实验探究热在这些物体间是怎样传递的。</td></tr>
<tr><td>单元评价方案</td><td>单元核心目标</td><td>表现标准</td><td>子任务</td><td>评价实施</td><td>评价工具</td></tr>
<tr><td>单元评价</td><td>单元评价方案</td><td>通过互动交流等活动，能列举热传导、热辐射、热对流在日常生活和生产中的应用。</td><td>1.能列举2~4例热传导在日常生活和生产中的应用。
2.能列举2~4例热辐射在日常生活和生产中的应用。
3.能列举2~4例热对流在日常生活和生产中的应用。</td><td>1.烧烤时将蔬菜平铺在烤盘上，探究蔬菜如何被全部烤熟。
核心问题：热在物体间和固体内部是如何传递的？
2.烧烤时的木炭没有明火，但间隔一定距离的烤网、水壶依然能接收到热量，探究热是如何传递到烤网、水壶上的。
核心问题：热在不接触的物体间是如何传递的？
3.探究水壶里的水如何被烧开。
核心问题：热在液体、气体中是如何传递的？</td><td>分解情境，投放评价任务；学生小组合作完成评价任务，教师通过巡视、学生交流等收集评价信息；完成评价任务后，小组成员进行组内自评，教师基于收集到的评价信息进行终评。</td><td>评价量规；活动记录单；语言即时评价。</td></tr>
</table>

续表

单元学习进阶

		专题	课时	活动设计	学习资源
单元学习进程	学习进程安排	《热传导》	1课时	1.小组合作探究热在物体间和固体内部的传递。 2.解释情境，列举生活中热传导的实例。	材料：酒精灯、火柴、尖嘴钳、金属棒、金属片、废物缸 技术：《热传导》教学课件 设计：热传导实验记录单
		《热辐射》	1课时	1.交流生活中更多类似烤网烧烤的热传递实例，总结共同点。 2.小组合作探究不同颜色的物体吸收辐射热的能力。 3.解释情境，列举生活中热辐射的实例。	材料：易拉罐、黑纸、白纸 技术：《热辐射》教学课件、热辐射微视频 设计：热辐射实验记录单
		《热对流》	1课时	1.小组合作探究热在水中的传递方式。 2.交流热在空气中的传递过程。 3.列举热传导、热对流和热辐射在生活中的应用。	材料：烧杯、石棉网、冷水、木屑、废物缸 技术：《热对流》教学课件、热对流、暖气让整个屋子变暖微视频 设计：热对流实验记录单

表7-2-2 《仪器与制作》单元教学方案

<table>
<tr><td rowspan="4">单元目标</td><td rowspan="1">课程标准要求</td><td colspan="1">

【领域】物质科学领域

【核心概念】1.物体具有一定的特征，材料具有一定的性能。

【学习内容】1.1物体具有质量、体积等特征。

【学习目标】能够使用简单的仪器测量物体的长度、质量、体积、温度等常见特征，并使用恰当的计量单位进行记录。

</td><td colspan="1">

【领域】物质科学领域

【核心概念】16.人们为了生产和生活更加便利、快捷、舒适，创造了丰富多彩的人工世界。17.技术的核心是发明，是人们对自然的利用和改造。

【学习内容】16.2工程和技术产品改变了人们的生产和生活。17.3工具是一种物化的技术。

【学习目标】举例说明制造技术、运输技术、建筑技术、能源技术、生化技术、通信技术的产品。使用和制作简易的古代的测量仪器模型，如日晷、沙漏等。知道使用工具可以更加精确、便利和快捷。

</td></tr>
<tr><td>课标分解</td><td colspan="2">

"使用"是行为动词，这就要求必须结合一定的情境，按照规范的步骤，经历尝试的过程来规范量筒、天平的使用方法；核心概念是能够使用简单的仪器测量物体的质量和体积，并使用恰当的计量单位进行记录。测量物体的质量和体积要达到掌握的程度，并达到运用的层次，这要求在教学中，能运用量筒等简单仪器解决生活中有关的问题，意识到工具是一种物化的技术。

</td></tr>
<tr><td>单元大概念</td><td colspan="2">

通过对常见工具的使用，意识到工具是技术的一种物化形态，是人力量的一种延伸。

</td></tr>
<tr><td></td><td colspan="2">

1.纵向梳理教材，明确概念进阶路径

围绕"技术的核心是发明，是人们对自然的利用和改造"的主要概念，小学阶段学生的概念发展需要完成三个不同水平层次的进阶目标。阶1是认识周围简单科技产品的结构和功能，学会使用简单工具，体会工具的作用，科学概念发展处于现象、事实水平。学生在1~2年级的科学学习中，已经初步认识了放大镜、削笔刀、螺丝刀等身边常用工具及其功能，感知到工具给人类生活带来了便利，了解人类可以利用工具改善生活，形成了对工具的初步印象。

</td></tr>
</table>

单元目标	教材分析	阶2是举例说出使用工具可以提高工作效率，使生活更加便捷，科学概念发展处于共性、规律水平。本单元是三年级上册的《仪器与制作》，在这一单元的学习中，学生将在认识常用工具及其功能的基础上，认识一些更精确的测量工具，并学会使用他们完成相关测量和数据记录。阶3是知道技术发明通常蕴含着一定的科学原理，使用简单机械解决实际问题，体会工具是一种物化的技术，科学概念发展水平处于关系、原理水平。在五年级甚至初中阶段，学生将进一步学习专用工具和简单机械，认识这些工具的结构和作用，最终形成核心概念"工具是一种物化的技术"。 2.横向梳理教材，理清单元内在关联 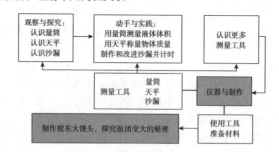 通过横向梳理单元知识结构图，可以发现本单元是通过对量筒、天平、沙漏等测量工具的观察，认识他们的结构与功能，并通过动手实践，使用这些测量工具测量体积、质量、时间，同时通过拓展认识更多的测量工具，开阔学生的眼界，使其认识到测量工具多种多样，功能也不尽相同，初步了解工具是一种物化的技术，知道使用工具可以更加精确、便利和快捷。 3.挖掘思维方法，发展思维能力 本单元主要隐含观察、测量、分析综合等科学方法，运用这些方法，认识量筒、天平、沙漏及更多测量工具的结构与功能，能用正确的方法使用量筒、天平和沙漏进行实际测量，体会科学实验的严谨性和测量工具的精确性，最后综合运用各种测量工具，探究发酵的秘密。综上分析，本单元主要让学生运用假观察、测量的科学方法，经历分析综合的思维过程解决问题，促使科学探究能力不断进阶。

单元目标	学情分析	1.进阶起点分析		

1.进阶起点分析

	科学概念	科学方法
已知	物体有固定的体积和质量	运用基本感官、简单仪器观察物体的属性
未知	量筒、天平的功能 生活中的生化技术	运用专业仪器测量物体的属性

从科学概念和科学方法两个维度分析学生的已知和未知可以发现，学生知道物体具有固定的体积和质量，但不知道可以用专业的工具准确测量体积和质量，不了解相关专业工具的功能。1~2年级学会了运用基本感官和简单仪器观察物体的属性，但不会使用专业工具测量物体的属性。

3.3班学生工具使用前测情况

水平	1	2	3	4	5	6
内容	物体是否有准确的体积和质量	列举可以测量体积的工具	列举可以测量质量的工具	列举可以测量时间的工具	你会用哪种工具测量物体体积	你会用哪种工具测量物体质量
人数	40	10	23	43	2	4
比例	89%	22%	51%	96%	4%	8%

我们对45名学生就前认知做了学情的问卷调查，调查结果显示：89%的学生知道物体具有一定的质量和体积；22%的同学在家庭中或者学校中见过一些能够测量液体体积的工具，能列举1~2个带有刻度的生活用品，比如奶瓶、水杯；51%的学生能列举2~3个测量质量的工具，比如电子秤、杆秤、体重秤；96%的学生能列举2~3个测量时间的工具，比如手机、秒表、手表。他们头脑中这些熟悉的工具为本单元的学习打下了基础，但是他们不会使用专业的测量工具进行准确的测量，几乎没有学生见过专业测量工具量筒和天平。

2.进阶关键点分析

首先，从以上基于教材和基于实证的学情分析得知学生并不认识专业的测量工具，教师应引导他们运用正确的观察方法认识这些工具的特点，形成科学观察的好习惯。其次，三年级学生由于年龄、生活和学习经验的限制，具备初步的科学探究能力，但在动手能力和思维严谨性方面的培养还有待提高，操作时出现手忙脚乱的现象，比如他们可能容易忽略选择合适量程的量筒进行测量，忽略天平使用前调平衡等。因此在实践操作活动中，还应注意鼓励学生积极动手，指导学生按照步骤严谨规范地使用工具，并通过对比、交流和反馈掌握所学。最后，教师应巧妙地利用小组活动和全班交流等方式使学生意识到工具是一种物化的技术，技术可以在工具中得以体现，将工具与技术建立联系。

续表

单元目标	综合呈现单元目标	目标1：通过观察和使用量筒、天平和沙漏，能准确描述出其结构组成，说出这些测量工具的功能和相对应的计量单位。 目标2：能准确讲述测量工具的使用或制作方法，并用规范的方法测量液体体积、物体质量和时间，体会到使用工具可以更加精确、便利和快捷；在教师的引导下，说出工具是物化的技术。 目标3：通过小组合作、全班交流活动，运用工具独自动手制作馒头，解释酵母的作用及面团发生的变化，感受到发酵对生活产生的重要影响。
	基本问题	使用量筒、天平和沙漏等工具，探究面团和馒头有怎样的联系？
单元评价	单元表现性大任务	 1.单元大任务 单元大情境： 古语云："国以民为本，民以食为天。"中国饮食文化博大精深，源远流长，而我们山东饮食文化更是独具特色，有着深厚的文化底蕴。山东大部分地区民众的饭食以面食为主，这其中的胶东大馒头，又名"大饽饽"，盛行于山东的胶东半岛。在我们威海，过年最有年味的莫过于吃那白白胖胖的大饽饽。过大年，蒸饽饽，期盼来年的日子蒸蒸日上、红红火火。如果有人说"不就是几个大馒头嘛！"那可就差矣。因为那喷喷香散发着质朴民俗文化气息的大饽饽，其实已经成为胶东地区无比珍贵的非物质文化遗产。 核心问题：怎样蒸出松软的胶东大馒头？ 2.任务指导语 出示胶东大馒头配方： 面粉400克　酵母2克　糖10克　鸡蛋1个　温水220ml （1）制作胶东大馒头，需要220ml水和面，请你想办法准确测出220ml水。 （2）请你想办法准确测量鸡蛋的质量，选出"鸡蛋之王"参与胶东大馒头的制作活动。 （3）制作一个"一分钟"沙漏为蒸馒头计时20分钟，确保馒头蒸熟。 （4）按照步骤制作胶东大馒头，每隔一段时间观察面团的变化。

		单元核心目标	表现标准	子任务	评价实施	评价工具
单元评价	单元评价方案	在教师的引导下，能如实讲述测量工具的使用方法并用正确的方法测量液体体积和物体质量，知道使用工具可以更加精确、便利和快捷。	1.能基本正确地讲述测量工具的使用方法。比如，第一步先选用合适的量筒，第二步…… 2.能准确测量出液体的体积和物体的质量。比如，能准确测量出鸡蛋的质量，并填写在记录单中。	任务一：测量220ml水 情境创设：做胶东大馒头需要220ml水来和面，怎样准确测量出这些水呢？ 核心问题：怎样用量筒测量水的体积？	小组合作，能选择合适量程的量筒，用正确的方法准确量出220ml水。利用评价量规完成小组自评。	评价量规（可从是否选择合适量程的量筒、滴管使用的规范性、读数的准确性进行评价，以指导学生正确使用量筒）实验记录单（记录测量数据）
				任务二：选取"鸡蛋之王"（即质量最大的鸡蛋）参与胶东大馒头的制作。 情境创设：为了让胶东大馒头更松软，在和面时通常要加鸡蛋，今天带来了10枚鸡蛋，但是只有"鸡蛋之王"才能参与大馒头的制作，用什么方法选出鸡蛋之王？ 核心问题：怎样使用天平准确测量物体的质量？	小组合作，用正确的操作方法使用天平，准确测量出鸡蛋的质量，参与到全班"鸡蛋之王"的评选工作中。利用评价量规完成小组自评。	评价量规（可从天平是否调平衡、左物右码、取砝码和拨动游码是否用镊子、读数是否准确进行评价，以指导学生正确使用天平）实验记录单（从估测和实测两方面进行记录）

单元评价	单元评价方案	能根据沙漏的特征，自制沙漏并实现预期的计时功能。	3.通过小组制作出沙漏并实现"1分钟"计时功能。比如在展示活动中，展示自己的沙漏，保证沙漏的流畅，说出怎样实现一分钟计时的调整方法。	任务三：将胶东大馒头蒸熟大概需要20分钟，请你制作一个沙漏来计时。 情境创设：出示跳绳用沙漏计时的视频，细心的你发现了什么？沙漏能用来计时吗？我们今天制作沙漏为蒸馒头计时。 核心问题：怎样制作沙漏？	全班讨论交流共同制定沙漏的评价量规，根据评价量规的标准，小组合作制作沙漏。	口头评价评价量规（在教师指导下，引导学生自行设计量规）
				任务四：制作胶东大馒头，探究面团长大的秘密。 情境创设：万事俱备，只欠东风，制作馒头的所有材料都已准备完毕，胶东大馒头到底是怎么制作出来的呢？ 核心问题：面团大小和内部发生了什么变化？酵母的作用是什么？	小组合作，按照步骤完成和面、发面，观察并交流发酵前后面团的变化，再做全班交流分享。	口头评价
	学习进程安排					

续表

		专题	课时	活动设计	学习资源
单元评价	学习进程安排	量筒	1课时	1.请小组观察并讨论量筒的结构,说说量筒由哪些部分组成;猜想一下各个部分的作用是什么? 2.用一选,二倒,三看的方法准确测量出3种容器中水的体积。 3.使用定量量取的方法,量取220ml水,参与胶东大馒头的制作。	量筒、胶头滴管、烧杯、量杯、实验记录单、评价量规
		天平	1课时	1.请小组观察并讨论天平的结构,说说天平由哪些部分组成;猜想一下各个部分的作用是什么? 2.用天平测量鸡蛋的质量,选出"鸡蛋之王"参与胶东大馒头的制作活动。 3.测量出400克面粉和2克酵母,参与胶东大馒头的制作。	天平及配套工具,鸡蛋,面粉,酵母、实验记录单、评价量规
单元评价	学习进程安排	沙漏	1课时	小组内观察并讨论沙漏的结构,说出沙漏是由哪几部分组成的? 选择材料,制作能够计时一分钟的沙漏。 根据沙子流动得快或慢,提出相应的解决措施,并总结影响沙漏计时的因素。 根据提出的措施,对本组的沙漏进行改进,使其能准确计时一分钟。学生小组讨论并交流如何制作一个20分钟的沙漏来计算蒸馒头的时间。 5.播放视频,学生交流视频中出现的计时工具,并根据本节课的学习内容,制作一个计时准确并具有创意的沙漏。	果冻盒、纸板等制作沙漏的工具、实验记录单、评价量规

参考文献

[1] 陈琦，刘儒德. 当代教育心理学：第2版[M]. 北京：北京师范大学出版社，2007.

[2] 李松林，贺慧，张燕. 深度学习设计模板与示例：第1版[M]. 成都：四川师范大学电子出版社，2007.

[3] 来文. 学科思想：小学科学名师的自觉追求[M]. 杭州：浙江大学出版社，2018：169—190.

[4] 姚晓春. 小学科学课的建构：探究式教学设计的理论与实践[M]. 上海：华东师范大学出版社，2018：213—226.

[5] 兰本达，布莱克伍德，等. 小学科学教育的"探究—研讨"教学法[M]. 陈德彰，张泰金译. 北京：人民教育出版社，2010：3—37.

[6] 于丽萍. 基于标准的教学："教—学—评一致性"区域实践[M]. 北京：中国社会出版社，2021.

[7] 喻伯军. 义务教育课程标准（2022年版）课例式解读——科学[M]. 北京：教育科学出版社，2022.6.

[8] 邵卓越，刘徽，徐亚萱. 罗盘定位：提取大概念的八条路径[J]. 上海教育科研，2022（4）：12—18，30.

[9] 卜梦丹，唐恒钧. 数学大概念的内涵、提取途径及其理解维度[J]. 中小学教师培训，2022（7）：36—39.

[10] 蒋剑秋. 小学语文单元大概念的解读、提取与实施[J]. 小学语文教师，2022（3）：4—10.

[11] 武辉. 浅议"大概念"理念的内涵特征与实践路径[J]. 中学生物学，2020：73—74.

[12] 任虎虎. 大概念的基本特征及教学设计策略[J]. 中学物理，2020（9）：18—21.

[13] 程颖. 初中化学大概念的提炼与单元主题教学[J]. 教学研究，2022：24—25.

[14] 陈江. 挖掘内涵 扩展外延 培养能力 辨析概念[J]. 师者讲坛，2015：229.

[15] 韩学萍，杨太有. 例证在高中生物学概念教学中的应用研究[J]. 中学生物教学，2019：32—33.

[16] 柳夕浪.课程改革的核心素养导向意味着什么[J]. 人民教育，2022（7）:30—33.

[17] 周彬.学科教学如何才能超越单纯的知识掌握[J]. 人民教育，2022（8）：32—34.

[18] 邹萍萍.单元视域下的小学科学教材分析[J]. 小学科学教师，2021（1）：4.

[19] 蒋永贵.从育人角度回答为何学？学什么？怎么学？何谓学会[J].人民教育，2019（5）：64—65.

[20] 罗美玲.认知冲突策略在概念转变教学中的应用[J]. 化学教育，2014.

[21] 吴玉国.“小学数学结构化学习”实践研究团队[J]. 小学数学教育,2021（22）：1.

[22] 林丹玲.体验·提问·研讨促进学生思维走向进阶[J]. 科教导刊，2021（29）：3.

[23] 尹庆丰，刘霁华.妙用“可视化”技术促进科学思维进阶——以“简谐运动”教学为例[J]. 物理教师，2021，42（1）：4.

[24] 邹萍萍. 促进概念建构的学习工具设计原则与策略——以小学科学学科为例[J]. 现代教育，2021（24）：4.

[25] 吴存明. 设计挑战性任务 让学习真正发生[J]. 新课程研究：上旬刊，2018（2）：41—43，56.

[26] 匡艳.基于挑战性任务实施的高阶思维培养[J]. 新智慧，2019（29）：142.

[27] 龚含笑，唐恒钧. 基于挑战性任务的数学问题链教学研究——基于“余弦定理”的教学探[J]. 中学数学，2020（09）.

[28] 朱国荣. 例谈挑战性学习任务的设计策略[J]. 教学月刊小学版（数学），2014（12）：12—15.

[29] 曾宝俊. 金蝉脱壳——利用矛盾情境转变学生的概念[J]. 科学导刊，2021（24）.

[30] 胡卫平. 思维型科学探究教学的理论建构[J].课程.教材.教法，2021，41（06）.

[31] 王海英，黄海旺，张军霞.围绕概念建构实现学科学习进阶[J]. 课程·教材·教法，2021（9）：108—115.

[32] 孙学东. 结构性问题设计与高阶思维培养[J]. 基础教育课程.2019（02）.

[33] 王凯.核心素养的培养如何精准落实到课堂[J].思维智汇[J/OL]，2022—5—17.

[34] 张璐. 基于小学科学课堂观察的教学诊断研究[D]. 武汉：湖北师范大学，2020.

[35] 张悦. 基于问题式学习的小学科学教学设计与实践 ——以教科版"工具与机械"主题单元为例[D]. 重庆：重庆大学，2020（10）.

[36] 王霞. 高中化学概念教学课堂观察量表的建构与应用研究[D]. 昆明：云南师范大学，2019.

[37] 中华人民共和国教育部. 义务教育科学课程标准[S]. 北京:北京师范大学出版社，2022.

[38] 中华人民共和国教育部. 义务教育科学课程标准：2022年版[S].北京：北京师范大学出版社，2022.4